【中华文化研究小丛书】

王国维评传

萧艾 著

漓江出版社

桂林

出版说明

　　文化是人类的本质，唯有文化的兴旺发达，才有国家民族的振兴强大。中华民族五千年文明史，辉煌璀璨，一脉相传，从未间断，独步于世界民族之林。为弘扬传统，传播新知，砥砺精神，建设文化强国，我们谨从"秉文化情怀，做文化事业"的社训，特地编辑出版这套中华文化研究小丛书，以弘扬民族文化精华，发布专门研究成果，期为读者、研究者阅读参考。作者均为国内外文、史、哲领域建树颇丰的专家、学者，他们从各自擅长的专题，提供简明扼要的讲析，文字不在其多，书不在其厚，重在见解之通达准确，独有会心，能予读者真知与启迪，领悟精要，涵泳其间。本丛书是一开放性的项目，我们真诚欢迎在这一主题下有更多的佳作加入其中。

漓江出版社本丛书编辑部

王国维

目　录

王国维评传

甲骨文史话

·附 录·

王国维评传

第一章 时代 家世

　　王国维字静安，又字伯隅，号礼堂，又号观堂。清光绪三年，即公元一八七七年，出生在浙江海宁城内双仁巷。

　　据说，这一家本是开封人氏，南宋时期渡江南下，世世代代，定居海宁，已有七八百年历史了。掀开王氏族谱看看，也可以说是书香门第；但是，仔细推寻，却是普通清寒人家。从王国维倒数上去四代，虽算读书人，可连个举人也没有。在那非常看重功名的年代，王家的社会地位是比较低微的。何况海宁更是与别处不同。莫说是秀才、举人，即使中了进士，点了翰林，也不足为奇。鼎鼎有名的"海宁陈家"，自清代初年以来，几乎历朝都有入阁的。若说江南是人文荟萃之乡，那么海宁陈家便是屡世簪缨的典型。公元一七〇三年，当陈邦彦、陈世倌殿试同时中式的时候，康熙皇帝玄烨举手对陈元龙说："你家又添上两个翰林了。"像这样流传下来的佳话，不用说海宁是家喻户晓，就是全国僻远的山村也传遍了。不是吗，甚至清代末年民间还盛传乾隆皇帝弘历是陈阁老所生呢①。

――――――――――

① 见孟森《海宁陈家》，载一九七九年《中华文史论丛》第二辑。

王国维的父亲王乃誉,字与言,号蓴斋。自幼本是读书的,不过生当太平天国革命时期,连年战伐,不得安宁,只好弃儒从商。这样,比做秀才、教蒙馆,生计宽裕何止十倍。所以王国维三十岁那年,追述其家境时说:"余家在海宁,故中人产也。一岁所入,略足以给衣食。"这倒是实在的。王国维四岁,母亲去世,九岁那年,他父亲三十八岁,娶了一个继母;第二年又在西门内周家兜盖了一栋新屋。这充分说明王家是个小康人家。周家兜的住屋,至今还保存,而且旧貌依然。海宁县治迁到硖石去了,这里改称盐官镇。王氏故居就坐落在镇西,正当钱塘江口。离海塘不过几百米,是一栋坐北朝南的两进瓦屋。前进三间平房,后进也一式三间,但有两层。楼房窗口对着杭州湾,可以看到海潮起落。

说到海潮,确是大自然一种奇异景象。自古以来,旅游者为了来钱塘观潮,往往不辞千里之行。文人学士留下描写海潮的名篇佳什,至少也有几千篇吧。宋代文学家周密说:"浙江之潮,天下之伟观也。……方其远出海门,仅如银线;既而渐近,则玉城雪岭,际天而来……"清代青年诗人黄仲则所写的《观潮行》也有这样的句子:"伟哉造物此巨观,海水直挟心飞腾。""才见银山动地来,已将赤岸浮天外。""鹅毛一白尚天际,倾耳已是风霆生。"

伴随海潮这种奇异景象而来的是神话故事。在所有有关海潮的神话故事中,最为人们津津乐道的莫过于伍子胥由于愤怒而激起洪潮。

王国维生长于江海之滨,从穿衩裆裤起,日日夜夜见惯和听惯了海潮的雄姿与巨吼,能不在心坎上刻下深深的印迹吗?是的,在他的作品中,也曾写过海潮。可惜的是汹涌的海潮,给他带来的不是气势磅礴，心雄万夫；而是"潮起潮落，几换人间世"！"人间孤愤最难平，消得几回潮落又潮生？"人生无穷无尽的哀愁、愤懑，有如潮起潮落，永无休止。这，大概与他凄苦的童年生活分不开吧。

王国维孩提时母亲就去世了，只有一个比他长五岁的姊姊相伴着。父亲一出远门，就把这对伶仃的小孩交给祖姑母照看。显然，"体素羸弱，性复忧郁"便是不幸的童年所造成。

王乃誉虽说以经商维持生计，但毕竟不是市侩之流。他贸易之余，时常读书，并勤于作诗、写字，还喜欢绘画和篆刻。与做官的戚友，也有往来。曾经被邀到溧阳做县衙门的师爷。王国维十一岁时，王乃誉从溧阳回海宁居丧，从此不再出远门。每天王国维从私塾放学回家，做父亲的就在灯下指导儿子的功课。

所谓功课，就是练习写八股文、试帖诗，这是封建王朝统治下建立起来的科举制度所规定的。唐宋时考试的科目是诗、赋，明清以后，取士以八股为主。什么叫作八股呢？就是考试作文有固定格式。全文除开头结尾，共分四大段落，每段分两股，合成八股，又称八比。八股文前头开端两句为"破题"，破题之后为"承题"，不过三四句；以下是"起讲"，俗称"冒子"，也只有十来句。下面就分股了。八股文命题范围不出"四书"，主考者在"四书"中任意拈一句或半句作为试题，把"四书"中本来有固定内容的句子割裂成全无道理的题目，据说这样更可以看出作文的人的"巧思"。例如：王国维考取秀才的八股文题目为《季氏富于周公而求也》。出于《论语·先进第十一》。原文是："季氏富于周公，而求也为之聚敛而附益之。"这样全无道理的命题，还规定作文时不能牵涉，"为之聚敛而附益之"。八股文连用字也有规定。比方"承题""起讲"第一句第一字必须是虚字，只可用"夫"和"盖"。一篇八股文,全是"今夫""且夫"。内容上只要把"四书"传注敷衍就行,断断不能各抒己见。而且必须用孔丘、孟轲的口气说话,所谓"代圣贤立言"。一篇八股,大约七百字,完篇并不难。学做八股的窍门是熟读"四书"并背熟几篇当时著名的八股文,揣摩它的腔调,进行模仿。试帖诗即五言排律八韵,也不讲内容,只要切题、合于平仄、不走韵就行了。八股、试帖,被主考看中,算是中式。县考录取入学称生员,社会上叫作秀才,凡是具备秀才资格的,可以参加省考,又名乡试。乡试合格,俗称举人,举人可上京应会试,会试中了叫进士,方可殿试。殿试及第前三名,通常称状元、榜眼、探花,是封建社会知识分子梦寐以求的"无上荣誉"。从秀才到进士,各级考试都十分看重书法。而且每升一级,对书法的要求也随之增高。试卷上的字体也有一定格局,清代殿试还加试满文。知识分子要想当官,只有走八股这条道路。所谓科举出身才是正途。当官既然必须得力于八股,所以知识分子不惜把毕生精力用在八股这块敲门砖上,终日摇头摆脑哼个不辍,除了八股之外,一事不知。固然四体不勤,五谷不分,连唐宗宋祖是哪一朝的皇帝也搞不清楚。明末清初大学者如顾炎武、黄宗羲等人,莫不痛骂八股,把八股看作仇敌。吴敬梓《儒林外史》这部书所刻画所讽刺的人物,也正是八股先生。可是,封建统治者却依靠八股来钳制人的思想,达到巩固统治的目的。因此,满人入关后,仍继续实行开科取士,用八股作为禁锢知识分子的最好工具。

王国维从七岁入私塾,到十六岁考取秀才,整整十年光阴,完全消耗在举子业上。直到十六岁这年,偶然在友人处得见《汉书》,才开阔眼界。不久,便用自己从小积蓄的钱在杭州书肆买了《史记》《汉书》《后汉书》《三国志》,认为这是"平生读书之始"。本来埋头八股中不叫作读书啊。

王国维两次到杭州参加乡试，都失败了。甲午中日之战，他已十八岁，像当时国内许许多多青年知识分子一样，开始觉醒。特别是《马关条约》签订后，凡有知觉的人，都不能不为之惊忧！《马关条约》比鸦片战争后签订的《南京条约》更为苛刻，要中国割让辽东半岛及台湾、澎湖列岛给日本，并赔偿白银二万万两，开放沙市、重庆、苏州、杭州为商埠。当时清政府每年财政收入还不及赔款的三分之一！

这时，北京城里，著名的"公车上书"①事件发生了。

先是广东南海康有为，一八八八年入京，应顺天乡试，上书皇帝，提出变法。遭到打击后，回到广州，讲学于长兴里万木草堂。学生中有陈千秋、梁启超、麦孟华、徐勤等二十余人。其中梁启超以举人拜身为秀才的康有为为师，自然增重了康有为的地位。过了两年，学生竟达百余人。与此同时，康有为还先后写了《新学伪经考》《孔子改制考》等书，鼓吹变法改制。最后又写了《大同书》。

一八九五年，康有为再度入京应试。获悉《马关条约》各款内容，万分愤慨，立刻要梁启超联合广东籍的举人上书反对签约。各省举人闻讯纷纷响应。于是，康有为连夜起草长达一万四千言的请愿书，提出拒和、迁都、变法的主张。并在达智桥松筠庵开会，签名者共达一千二百余人。这件事很快轰动全国。

上书者的口号是：救亡必须维新，维新是为了救亡；继续因循守旧，将来皇帝求为长安布衣亦不可得。

---

① 古时候，赴召应试的人，都随同会计吏搭乘公家车辆入都。后世相沿称举人赴京赶考为公车上都。所谓公车上书就是指举人联名上书请愿。

国家的命运,陷于危殆,刚刚觉醒的青年知识分子,痛感到有向西方学习的迫切需要。事实明摆着:为什么日本能战胜中国? 就是因为日本向西方学习,结果由弱小变成强大。中国势必要向西方学习,再不能凭传统的老一套了。形势教育人,新的思想像海潮般冲击而至。这时,王国维才知道世界上还有来自西欧的所谓新学。

但是,怎样才能接触新学呢? 这与两年前发现"四书"八股之外,尚有《史》《汉》完全两样。当时能直接与西方文化接触的,只有极少数外交官及留学生。其余的人,仅仅依靠外国传教士和最早的留学生,以及侨居国外偶然还乡的一些人口述或翻译一些书刊,从中得到一点非常粗浅的知识。像上海广学会发行的《万国公报》,容闳、王韬、薛福成、马建忠、郑观应等人的书,特别是郑观应的《盛世危言》,人人争着看,影响很大。可是滴水不能解渴。追求真理,立志向西方学习的先进知识分子,莫不梦想出洋留学。

一九〇〇年以前,中国留学生统统不过几百人。一九〇五年后,突然激增了十倍、二十倍。尤以留日的人最多,曾经达到两万以上。可以想见时代急促的变化,迫使人们的思想紧追。知识界的情况一天不同一天。

不过,出洋留学不是容易的事。官费生少,机会难得;自费嘛,更加成问题。据鲁迅回忆:一个日本官费留学生,每月三十六块大洋,生活并不宽裕。① 就以三十六元一个月计算,一年也非四百多元不可。还有往来的路费未包括在内。而据罗振玉记述,他家这时以"泾河薄田百亩"出售,仅"得钱千余缗"。罗振

---

① 见鲁迅《华盖集续编·一九二六·杂论管闲事·做学问·灰色等》。

玉在淮安教馆，一年的收入，最高额从未超过八万钱。八万钱即八十缗，合银圆二十多。① 因此，中产之家，绝对供不起留学生。王国维只好望"洋"兴叹，自恨"家贫不能以资供游学，居恒快快"了。

不过既然春天已经到来，很快就会满园春色，不愁新学无法接触。

一九〇五年后，维新运动逐渐形成。维新派的种种宣传活动，不断开展。开学堂，办报纸，立学会，成为这个时期最时髦的事情。据梁启超《戊戌政变记》载："甲午战后二三年内，各省有学会二十四、学堂十九、报社八，共计五十一。"李提摩太《留华四十五年记》载："仅报纸一项，从一八九五年至一八九七年，就由十九种增至七十种。"事实上，后者仍然是不完全的统计。正是在这种"家家言时务，人人谈西学"②的社会风气之下，留心新学的越来越多。上海《时务报》应运而生了，并且风行一时，正如胡适所说的：这个时代，是《时务报》的时代了。

---

① 见罗振玉《集蓼编》。
② 欧云樵语。

第二章　海上居

　　居恒怏怏，一心向往新学的王国维，终于离开家乡，来到上海。这是一八九八年的二月间，也就是清光绪二十四年刚过了新年不久。

　　上海，从道光末年根据《南京条约》开辟为商埠以来，至此已有半个世纪，是我国新兴的大城市。市区繁华，居远东第一。所谓华洋杂处，种种稀奇古怪的事物，无不应有尽有。王国维长到二十二岁，只到过杭州两次。这回初临上海，算是大开眼界。可惜他当时的感受，没有留下痕迹。

　　他来上海参加《时务报》工作。《时务报》创刊于公元一八九六年八月九日。这是我国近代最著名的报刊。出版后曾经受到国内广大人士的欢迎，对当时的维新运动，有过很大的影响。在这里不妨简略地谈谈《时务报》创办始末。

　　提到《时务报》，自然要追溯到强学会。一八九五年五月，"公车上书"事件后，康有为又连续上书，并奔走联络，于八月间在北京成立强学会，还编印了《中外纪闻》。强学会是由翰林院侍读学士、充当过光绪皇帝珍妃的老师、萍乡人文廷式出面组成，由写过《庸言》一书、最早提出维新变法的户部主事陈炽出任提调（会长）。《中外纪闻》则由康有为的入室弟子梁启超、麦孟华担任编撰。一时政府大臣如袁世凯、刘坤一、张之洞等都列名入会。张之洞并捐了一笔活动经费。不久，康有为又在上海活动，成立强学会分会，并刊印了《强学报》。强学会以讲求中国的自强为号召。后来李鸿章由于没有达到入会目的，指使他的亲家杨崇伊以御史身份，上本弹劾强学会结党营私。于是奉旨解散学会，查禁《中外纪闻》。这时，成立不到两个月的上海强学会及《强学报》，也一并遭到查禁。

这里有两位加入过强学会，并深明时务的热心人：一是当过多年外交官的嘉应州人黄遵宪，一是进士出身、一度是张之洞幕僚的杭州人汪康年。这两人共同商量用强学会剩下的余款筹办一家报社。达县人吴德潇也参加了。黄遵宪还拿出一千元做开办费，同时邀请梁启超来沪担任主笔，汪康年当经理。报馆设在四马路右路，驻馆的办事人员，大都由汪经理物色。《时务报》名为报纸，实际上是一本期刊。每十日印行一册，每册二十余页。内容分论说、上谕、奏折、京外近事、海外报译。梁启超的《变法通议》等一系列鼓吹改良主义的重要文章，都在《时务报》上发表。

梁启超，字卓如，号任公，广东新会人。肄业于学海堂时，已露头角。十七岁中了举人，提学使李瑞棻以妹许配他。"公车上书"时，闻名全国。主持《时务报》笔政，刚满二十四岁，正是意气风发的峥嵘岁月。行文自成一体，笔锋常带感情，因而赢得广大读者。《时务报》的发行数，很快超过一万份。一八九七年初，报馆又陆续添聘了章炳麟、麦孟华、徐勤、欧云樵等人为撰述。事业正向兴旺发达的方向发展。以变法图强为宗旨的《时务报》在社会上逐渐形成一派势力，跟"时务派"走的人一天天多起来了。

顽固派自然不肯罢休。其结果是向《时务报》进行猛烈的攻击,说什么《时务报》启民智、伸民权是错误的,要"打民权一万板"! 尤其是当康有为在北京发起成立保学会,高唱保国、保种、保教时,手握兵权的荣禄公开说:康有为非杀不可! 这样一来,曾经赞助《时务报》的张之洞也改变了主意。

张之洞是清末大官僚之一。从来大官僚有一个特点,就是任何时候都立足于保住自己的乌纱帽。什么国家利益、民族利益,统统可以置之脑后。张之洞早年置身清流派,时常议论朝政得失。对洋务派头子李鸿章的对外投降政策,也表示极为不满。在中法战争中,他站在抵抗外来侵略一边,因而受到人们的赞扬。由于官做大了,权掌久了,慢慢转变成和洋务派一个样,甚至比洋务派更为狡猾、奸诈。北京的强学会初成立,他估计维新运动可能搞得起来,因此积极赞助;《时务报》创刊伊始,他还捐了一笔钱,并下令他管辖下的湖北省,要文武官员按期订阅。又专函、邀请《时务报》主笔梁启超来武昌小住。然而,就在顽固势力向《时务报》大举进攻之际,他赞成变法的假面具拉下来了。首先是借口《时务报》言论有"悖谬"之处,下令湖北停阅一期。接着又授意梁鼎芬写信给汪康年施加压力,造成《时务报》内部开始分化。最后他迫不及待地抛出了《劝学篇》。

这篇长达四万言的《劝学篇》,张之洞自称是为了反对"邪说"而写。他所指的"邪说",不是别的,就是维新派的变法主张。《劝学篇》主要内容包括宣扬清王朝的"恩德"和声明坚持三纲,并提出了"旧学为体,新学为用"的口号。《劝学篇》的反动立场,很快就博得了主子的赞赏,帝国主义也大加青睐,先后译成法文和英文出版。

不用说,与张之洞关系相当密切的汪康年,很快就倒向张之洞一边,从而更加剧了《时务报》内部的分化。表现为粤人与浙人之争的倾轧,越发不可收拾,终于使得章炳麟拂袖而去,梁启超也于一八九七年十一月离开上海前往湖南主讲时务学堂。

百日维新中,《时务报》奉令改官办。但出至第六十九期,汪康年在张之洞的全力支持下把它改为《昌言报》。《时务报》最后就这样结束了。

王国维进入报馆,没有赶上《时务报》的全盛时期,甚至与梁启超、章炳麟都无一面之缘。章炳麟留在《时务报》不到一季度,便飘然引去;王国维进馆时,梁启超已离开数月了。真是洛阳三月花似锦,使君来时春已归。

王国维在《时务报》的职务是司书、校对。地位很低,连舞台上跑龙套的脚色都够不上。与唱主角的梁启超比,固有天壤之别;也比不上汪康年派叶浩吾专程礼聘而来的章炳麟。何况就是这个无足轻重的跑龙套演员,也是临时客串。因为汪康年所约的书记员是上虞举人许默斋,许不能来才由王暂代。好在王国维并不计较这些,他进报馆的目的不过得一栖足之地,好由此寻找学习新学的机会。一些谈及王国维早期活动的研究者,总以为王国维是《时务报》工作人员,必然是"时务派",其实这是想当然。王国维是一个不问时务的《时务报》临终前的小书记而已。

学习西方必须从看洋书入手,看洋书就得读洋文。上海有英文馆,还有广方言馆,学洋文是很方便的。但前者一月需学费二三枚银圆,后者须入校肄业,花费更大,对王国维来说统统不合适。《时务报》原聘有英文、日文翻译员,后来又增加一名俄文译员,王国维本可就近向他们请教;但进馆两三个月后,机会到来了。这就是罗振玉私人创办的东文学社于一八九八年五月正式招生。

罗振玉字叔蕴,号雪堂,浙江上虞人。从曾祖起,寄居淮安,但与原籍上虞仍保持密切关系。振玉十六岁考取上虞县秀才,在淮安教私塾。课徒之余,刻苦自学。光绪二十三年春,他与吴县蒋黼同来上海合办学农社,印行《农学报》,并翻译出版各种农业书籍,社中聘请日本藤田剑峰博士为日文翻译,后来感到有自行培养日文翻译人才的必要,就在新马路梅福里开办了东文学社。

最初试办,仅有学生六人。王国维征得汪康年同意,每日午后到东文学社上课,就这样,开始了半工半读。作为《时务报》小书记,工薪不多,事务却不少。校对之外,报社来客登记,也归王国维办。生活上王国维省吃俭用,勉强过得去;可是学业上由于自行复习挤不出时间却落后了。学完一个月,举行段落考试时,学生中半数不及格,王国维与他的好友沈纮、樊炳清都在退学之列。

事情往往碰巧。专管东文学社社务的是邱于蕃,罗振玉却时常以主办人的身份深入学社和学生谈叙。五月开学后,天气逐渐炎热,罗振玉与身着长衫、手摇白纨扇的学生揖让之间,偶然看到王国维在同窗的扇面所题的诗,其中有一首写道:

　　西域纵横尽百城,张陈远略逊甘英。千秋壮观君知否?黑海西头望大秦。

罗振玉反复吟诵,认为作者吐属非凡,表示十分赞赏。因此王国维等三人考试虽不及格,仍然继续留社学习。从此,罗振玉对王国维格外关切。这是他们一生友谊的起点。

王国维早年写下以《杂诗》为题的几首古诗,多少反映了这个时期的生活环境和精神状况。

　　飘风自北来,吹我中庭树。乌乌覆其巢,向晦归何处?西山扬颓光,须臾复霾雾。脩脩长夜间,漫漫不知曙。旨蓄既以罄,桑土又云腐。欲从鸿鹄翔,铩羽不能遽。阴阳陶万汇,温凛固有数。亮无未雨谋,苍苍何喜怒。

　　美人如桃李,灼灼照我颜。贻我绝代宝,昆山青琅玕。一朝各千里,执手涕泛澜。我身局斗室,我魂驰关山。神光互离合,咫尺不得攀。惜哉此瑰宝,久弃巾箱间。日月如矢激,倏忽鬓毛斑。我诵唐棣诗,愧恶当奚言。

　　豫章生七年,荏苒不成株。其上蠹梗楠,郁郁干云衢。匠石忽惊视,谓与凡材殊。诘朝事斤斧,浃辰涂丹朱。明堂高且严,侠荡天人居。虹梁抗日月,菡萏纷披敷。顾此豫章苗,谓为中櫶栌。付彼拙工辈,刻削失其初。柯干未云坚,不如栎与樗。中道失所养,幽怨当何如?

工读生活是辛苦的、紧张的,体质羸弱的王国维,因劳累过度,脚气病复发,只好请假回海宁休养。

他是六月暑天踏上归途的,秋凉病愈,重返上海。不料世事变迁无常,正当他家居海宁、朝夕观看潮起潮落的这些日子里,北京城里发生的政治风潮比钱塘潮水起伏更大。以光绪帝为首的维新运动彻底失败了。慈禧太后重新垂帘听政,康有为、梁启超逃亡海外，所有维新派人物，杀头的杀头，罢官的罢官，软禁的软禁。上海方面与维新运动息息相关的《时务报》也告关闭，代之而起的是《昌言报》。查封报馆，禁止学会，正在雷厉风行。爱国志士，风流云散。王国维这个徜徉十里洋场不到半年的小书记也感到无容身之地，幸而罗振玉向他伸出了援助之手。

原来罗振玉创设的学农社和《农学报》，因为未参与政治，没有被查禁。东文学社一度解散，已重新复学。罗振玉体念王国维失业后无收入，就请他兼管学社庶务，照旧半工半读。同时，学生增加不少，日本籍教习也随之增多。除添聘专任的田冈佐代治外，又有日本使馆副领事诸井、书记船津兼任教习。学社也以梅福里狭窄不能容纳而迁至制造局前桂墅里。

东文学社的成立，原本是为了从日本大量翻译农业书籍，以日文为主要课程。后来觉得物理、化学都与农业有关，所以又增加了数、理、化几门课程。王国维除了学习学社的所有课程外，还自学英文。藤田丰八、田冈佐代治做他的义务教师。藤田、田冈都是文学博士，但他们却教数学，自己想起也觉得好笑。有一次，王国维在田冈佐代治那里，发现康德、叔本华的哲学，引起莫大的兴趣。

学问的海洋在向他招手，看来王国维是要投身到这无边无际的水波中去了。

就在这一年，他有了第一个男孩。

他是二十岁结婚的，夫人姓莫，海宁县春富庵镇人。外家世代经商。

正想安下心来从事学业的王国维，谁知又要回到故乡妻和子的身边。这是因为学社将停办，他要提前毕业，中国又燃起了战火的缘故。

新的战火,起于义和团运动爆发。义和团运动是自发性的反侵略压迫运动。首先在山东、河北掀起,很快扩大到黄河流域,并波及长江以南。帝国主义开始诚惶诚恐,最后凶相毕露,公然派兵向北京进攻。这就是历史上八国联军之役。

戊戌政变、义和团运动、八国联军侵犯北京,这些事件,年轻的王国维——躬逢其变。他思想上有什么反应呢? 面临着身边发生的一切,他是怎样进行观察与思考的呢? 遗憾得很,在这国家民族生死存亡的关键时刻,我们的主人公王国维似乎是熟视而无睹。他三十岁那年,写了两篇《自序》,文内虽然提到"甲午之役""庚子之变",却半点也没有涉及作为一个血气方刚的中国人当时是怎样看待的。我们如果把王国维的《自序》和同时代的梁启超所写的《三十自述》对照来读,那么谁也会承认梁启超的三十年的确是绚烂多彩,特别是一颗青年火热的心与时代的脉搏紧紧相连,跃然纸上;而王国维的三十年简直是黯然无光,好似他是化外之民,独行踽踽,终日沉浸在人世的苦闷中。这里,只有一个解释,就是初出茅庐的穷小子,被一浪盖过一浪的巨澜弄得眼花缭乱,不敢正视,也来不及正视。当然,更谈不上去考虑置身洪流中的事了。

就盱衡世局、抉择前途来说,王国维还是明智、勇敢、果决的。他离开海宁,到上海进《时务报》当书记、读日文,不能看作是为环境所迫、为个人生计不得不出此一途;应该说,这是他毅然抛弃走八股科举这条路,与旧的传统决裂,向往新的未来的具体表现。以后,他不仅学洋文,而且还争取东渡日本。在当时,这是识时务的俊杰之士所采取的行动。"因为那时读书应试是正路,所谓学洋务,社会上便以为是一种走投无路的人,只得将灵魂卖给鬼子,要加倍的奚落而且排斥的。"①鲁迅就有过这种亲身感受。同鲁迅一道留日的是五个人,后来"其中的一个因为祖母哭得死去活来,不去了,只剩了四个"②。一九〇二年,杨度随首批湖南留日师范生胡子靖等赴日,进东京弘文书院速成师范班肄业,在起程之前,杨度的老师王闿运还力加劝阻。王闿运把杨度赴日留学看作是对他的背叛。③ 这类事例太多了。因此,我们说王国维不过问时务,并不等于他留恋封建传统不赞成变革。他对新学醉心已久,他立志要把新学学到手。所以他付出了最大的劳动来攻读洋文。

---

① 见鲁迅《呐喊·自序》。
② 见鲁迅《朝花夕拾·琐记》。
③ 见何汉文、杜迈之合著《杨度传》第 5 页。

第三章　留东前后

　　戊戌政变,顽固派重新掌权。光绪帝载湉在一百零三天的新政中所颁布的诏令,诸如废除八股、开办学堂等等措施,一概无效。事实残酷无情地说明:改良主义行不通。但是,中国的政治气氛毕竟不同于以往,旧统治者再也不能原封不动地为所欲为。例如:再一次垂帘听政的慈禧,要立溥俊为皇子、准备废黜光绪的做法,就遭到朝野一致反对。尤其是庚子事件之后,为形势所迫,竟不得不宣布改革,颁行新政,仍旧采取废科举、办学校、派遣留学生等一系列办法。

　　前面已经提到,在一九〇〇年以前,中国到国外留学的人数是极少的。据冯自由《中华民国开国前革命史》不完全的统计:一九〇〇年前不足一百人,一九〇一年为一千五百人,一九〇六年为一万三千人。可见从一九〇〇年后激增的情况。其中以留学日本的居最大多数。因为日本是中国的紧邻,路途不远,来往方便,费用较少。而且有同文关系,特别是日本明治维新,卓著成效,深深吸引着中国的有志之士。因此,这时的青年知识分子大都以东渡日本留学为第一要著。他们有的是由清政府直接派遣的,也有由地方当局送去的,自费出国的也不少。日本方面为了满足中国的需要,相应地做了许多工作。例如:设立弘文书院,专收中国留学生。根据留学生的不同情况,办了短期速成科,有学习时间仅为几个月的。留日学生中,以学师范、学法政的居多。其次是学军事。要以学自然科学的为最少。就地域而言,以来自湖南的占比例最大,湖北、浙江次之,两广又次之。至于留日学生其他情况,可以说是五花八门。据身为留日学生的胡汉民后来所追述:

> 其时学生全体内容至为复杂:有纯为利禄而来者,有怀抱非常之志愿者,有勤勉于学校功课而不愿一问外事者(此类以学自然科学者为多),有好为交游议论而不悦学者(此类以学社会科学者为多),有迷信日本一切以为中国未来之正鹄者,有不满意日本而更言欧美之政制文化者。其原来之资格年龄,亦甚参差。有年已四十、五十以上者,有才六七岁者;有为贵族富豪之子弟者,有出身贫寒来自田间者;有为秘密会党之领袖以亡命来者,有已备有官绅资格来此为仕进之捷径者(法政学校更有为新进士所设之特班,殆如散馆之入翰林院,功令使然)。杂糅以上种种分子,而其政治思想则大可别之为"革命"与"保皇立宪"两派,而其时犹以倾向"保皇立宪"者为多……①

多年来希望得到出国留学机会的王国维,于一九〇一年秋终于如愿以偿了。

---

① 见《胡汉民自传》。本书引自《黄兴与中国革命》第45页。

先是东文学社因庚子之变而停办,学生提前毕业。毕业后王国维回海宁稍住,重返上海。第二年,罗振玉应张之洞的邀请,以农学家的资格,主持湖北农学校。学校设有农、蚕两科。教习为日本人。每一教习配有译员一人。罗振玉到校任事不久,把译员撤换,改由王国维和樊炳清担任。不过,罗振玉在武昌任职时间不长。这时,因历年所翻译的农书销路甚好,罗振玉经济状况有了很大的改善,所以在朝廷再颁新政,留学受到鼓励,海内学子纷纷东渡的高潮中,王国维得到罗振玉的全力支持,"东渡蓬莱浴海涛"了。

应该说,王国维和当时一般留日学生相比,具备许多优越条件。第一,他在东文学社读了两年半日文,又在武昌做过农校翻译,日文能说会写,不必再进弘文书院;其次,他在上海与藤田丰八、田冈佐代治等生活在一起,对日本社会比较了解,到日本后,进什么学校,在藤田的指导下,也早已盘算好了。到日本后,饮食起居自有藤田诸人为他介绍熟人,做好安排。所以他只要到达日本,办好入学手续,就可以一心向学。鲁迅所说的"凡留学生一到日本,急于寻求的,大抵是新知识。除学习日文,准备进专门的学校之外,就赴会馆,跑书店,往集会,听讲演……"①大概与王国维没有多大干系。置身《时务报》时,他对时务就不过问,当然更不会跑会馆、往集会、听讲演了。此外,上野看樱花、墨川观荷、凭吊朱舜水墓……这些清国留学生乐得为之的事情,王国维可能也未必有兴趣。

---

① 见鲁迅《且介亭杂文末编·因太炎先生而想起的二三事》。

我们知道,自一九〇〇年后,中国人民对清政府的腐败已经看得一清二楚。因此,国内外不断掀起反清革命运动。从一九〇〇年到一九〇五年这段时期,日本东京几乎成了革命巨浪的中心。留日爱国学生绝大部分都卷入了革命旋涡。一九〇五年八月,以孙文、黄兴领导的同盟会在东京宣告成立,至少有八百名留学生加入了同盟会。随即出版了《民报》,压倒了梁启超为宣传君主立宪而先后创办的《清议报》及《新民丛刊》。

王国维是属于胡汉民所说的"勤勉于学校功课而不愿一问外事者",甚至还瞧不起那般"好为交游议论而不悦学"的人。

王国维在日本就读两个月左右,罗振玉受刘坤一、张之洞两位封疆大吏的委托,带领两湖书院师生数人,前往日本考察教育。他在日本停留两个月,对留学生种种倾向革命的现象,非常不满。自然,这也会影响王国维,加固他和外界之间的那堵围墙。

王国维进的是东京物理学校。他的功课的确是够忙的。昼习英文,夜攻数学,想在短期内为学习物理专门知识打好基础。可是,事与愿违,在东文学社曾经一度使他中断过学业的该死的脚气病又和他捣乱了。怎么办呢?唯一的办法,是归国医病。他在征得罗振玉的同意后,便这样做了。

当他准备离开东京启程归国时,章炳麟、秦力山等十人,正发起在东京举行"支那亡国二百四十二年纪念会"。章炳麟还为召开纪念会写了一篇洋溢着爱国主义思想的革命宣言。这篇极为沉痛的宣言,中间有几句是这样的:

……昔希腊陨宗,卒用光复;波兰分裂,民会未弛。以吾支那方幅之广,生齿之繁,文教之盛,曾不逮是偏国寡民乎？是用昭告于穆，类聚同气，雪涕来会，以志亡国。凡百君子，蝉嫣相属，同兹痌瘝。愿吾滇人，无忘李定国；愿吾闽人，无忘郑成功；愿吾越人，无忘张煌言；愿吾桂人，无忘瞿式耜；愿吾楚人，无忘何腾蛟；愿吾辽人，无忘李成梁……

后来，在日本当局的禁止下，纪念会流产了，然而宣言却已在留学生中广为传播。与此同时，章炳麟另有一篇题目为《解辫发》的文章，也脍炙人口。继梁启超而起的这位《时务报》当日编撰，一时成为国内外知识界经常提到的风云人物。当革命主张占上风，保皇派由多数变为少数的这几年内，章炳麟那出笔古奥的文章，居然比笔锋常带感情的梁启超的文章更受欢迎。早几年《时务报》内部的争吵，随着时势向前发展，已扩大成为社会上改良与革命之争。作为《时务报》小书记的王国维，却故态依然，默默无闻。即使在浙江籍的留日学生中，谁要想打听王国维其人，恐怕很少有人能说得上来的。

东渡，渴望已久的东渡留学，给王国维带来的是什么呢？来去匆匆，贫病相连，答案不过是空白二字而已。不！收获是有的，但非王国维所希冀的罢了。中国历来有人把留洋当作一种资格，谓之"镀金"。胡汉民在《自传》中概述留日学生界情况时，提及有"来此为仕进之捷径者"，就是指这种人。王国维如果不是在日本住上几个月，捞取一个留学生资格，凭区区一名秀才，以后在国内插足难处是很大的。时间过去了一个世纪的五分之四，中国这块土地上起了翻天覆地的变化，"镀金"能增重人的价值，似乎仍未变化，这不是最好的说明吗？

罗振玉从日本考察教育归国后，算是国内为数不多的深明现代教育制度、善于办学的专家。洋务派头目之一的盛宣怀，在上海所创设的南洋公学增办东文科时，就延聘他为监督。盛宣怀是靠近张之洞的。罗振玉办学农社、出版《农学报》达六年之久，张之洞在两湖总督任内，任他为湖北农校监督；这次，他以农学家兼教育家的资格就任南洋公学分校监督，也与张之洞有关。从此，罗振玉在文化界声名更大了。

南洋公学是上海交通大学的前身，创办于一八九六年。经盛宣怀奏准朝廷，由邮、电两部拨款开办，并自任督办。开办之初，仅招师范院一级，嗣又增设商科，以后陆续扩大。一九〇一年添设东文部，由罗振玉负责。罗振玉本具有办事才能，又积有东文学社两年半的经验，可谓驾轻就熟。于是在虹口开设分校，仍聘藤田剑峰（丰八）为总教习，办得有声有色。

王国维从日本回到上海，自然成为南洋公学办事人员。也仍然利用工作余暇，在藤田的指导下，进修英文。

罗振玉在南洋公学为时不长，当年冬初就到广东去了。随后南洋公学东文科停办。这时，罗又推荐王国维到通州师范当教习，担任心理学、论理学（逻辑学）诸课程。

我国近代之有师范教育，实始于南洋公学的师范院。远在《时务报》刊行时期，梁启超就极力鼓吹师范教育的重大意义，但清政府并未采纳施行。直到光绪二十八年（1902）颁布《钦定学堂章程》，才明确师范教育的地位。就在这一年，张謇着手筹办通州师范学校。张謇字季直，号啬翁，祖籍江苏常熟。甲午之战那年考取状元，是清末民初身居幕后的政治界重要人物。通州师范最初叫作"民主通州师范学校",是张謇自己拿钱办的,他自任总理(校长)。他办教育也和办实业一样,事无巨细,都亲自过问。人们经常可以见到他在通州师范、大生纱厂查看厨房、厕所,找工人和学生谈话,更不用说深入教室和车间了。由于他一九〇三年到过日本考察教育,脑子里有些新东西,所以通州师范在当时是最先进的学校。同时各种规章制度,也很严格。张氏注意德育、智育、体育各方面的发展,学校平日有军事操,还举行运动会。他曾多次率领学生到学校附近植树。通州师范聘请教师时,要签订合同,一般是三年为期。教师中有日本人,也要履行这项手续。学生在举人、拔贡、秀才中挑选。最初仅有几十人,后来达到数百人,国内许多省都保送学生入学。张謇生平兴办过不少企业,却每以创办通州师范引为自豪,尝说:"中国之有师范学校,自光绪二十八年始,民间之自立师范学校,自通州始。"①

王国维到通州师范任教,订期一年。这一年内,生活是宁静的。虽说他的心境,并不那样太平,病也时常给他带来一些愁苦,但这是他一生中表露着诗人气质最为浓厚的时期。

通州师范的校舍,在通州城东南的千佛寺。这里三面环水,周围幽静,风景宜人,的确是讲学的好地方。诗人、学者置身其中,每日与水光山色相接,简直不像生活在人间尘嚣里。王国维住在一间小楼房中,拉开窗帘,可以望见远处的峰峦参差欲来,小河缓缓地流过广阔无垠的草原,阳光照耀着湖水,金波荡漾。围绕楼房的树木,春末夏初,苍翠欲滴,使人心旷神怡。尤其是

---

① 见《扬州师院学报》一九八〇年四期《张謇与通州师范》。

夜间,月光如水,扑人衣襟,这时,王国维沉醉在恬静芬芳的气氛里,进入忘我的境界。他往往这样独自坐着坐着,细数远处传来的钟声,不觉晨曦侵入纱窗。有时,他也偕二三友人,同游湖心寺,或者到狼山登塔长啸,更多的时间是读书。书本给予他的不仅是未曾有过的知识,还有无穷的乐趣。

如果说与朋友娓娓清谈,也算是一种十分惬意之事,那么王国维对此也领略过了。过分闲适,自然要想到人世间种种烦心的事儿。因此,闲愁蓦地袭来,在所难免。于是,王国维便以诗驱愁。我们读了王国维在通州和稍后在苏州这段时期所写的诗,就知道他并非如人们所想象的终日面目冰冷,生来就是痛苦的化身。看吧:

端居多暇日,自与尘世疏。处处得幽赏,时时读异书。高吟惊户牖,清谈霏琼琚。有时作儿戏,距跃绕庭除。角力不耻北,说隐自忘愚。虽惭云中鹤,终胜辕下驹。如此复不乐,问君意何如?

阳春煦万物,嘉树自敷荣。枳棘苗其旁,既锄还复生。我生三十载,役役苦不平。如何万物长,自作牺与牲。安得吾丧我,表里洞澄莹。纤云归大壑,皓月行太清。不然苍苍者,褫我聪与明。冥然逐嗜欲,如蛾赴寒蓼。何为方寸地,矛戟森纵横。闻道既未得,逐物又未能。衮衮百年内,持此欲何成。

孟夏天气柔,草木日夕长。远山入吾庐,顾影自骀荡。晴川带芳甸,十里平如掌。时与二三子,披草越林莽。清旷淡人虑,幽茜遗世网。归来倚小阁,坐待新月上。渔火散微星,暮钟发疏响。高谈达夜分,往往入遐想。咏此聊自娱,亦以示吾党。

——《端居》

扁舟出西郭,言访湖中寺。野鸟困樊笼,奋然思展翅。入门缘亭坳,尘劳始一憩。方愁亭午热,清风飒然至。新荷三两翻,菱荇去无际。湖光槛底明,山色樽前坠。人生苦局促,俯仰多悲悸。山川非吾故,纷然独相媚。嗟尔不能言,安得同把臂?

——《游通州湖心亭》

数峰明媚互招寻,孤塔峻嶒试一临。槛底江流仍日夜,岩间海草未销沉。蓬莱自合今时浅,哀乐偏于我辈深。局促百年何足道,沧桑回首亦骎骎。

——《登狼山支云塔》

王国维在诗里提到"时时读异书",到底是什么"异书"呢?原来王国维从日本回国后,决心从事哲学研究。所谓异书是指德国哲学家的著作,特别是叔本华的著作。

远在他求学东文学社时,偶然得见田冈佐代治在文章中引述康德与叔本华的学说片断,就产生了无限羡慕之情,从而有志学德文。入南洋公学后,在藤田丰八指导下,读了《哲学概论》和《哲学史》。接着,便攻读康德的《纯理性批评》、叔本华的《意志及表象之世界》。

这些哲学书，都是用德文写的。王国维原以为终身无读康德及叔本华所著书的条件了，但有志者，事竟成。他在学日文、英文的同时，又刻苦学习德文，终于学到能够勉强看德文原著。遇有困难之处，就参看日文译本。康德的书多次读不下去，不免中断；叔本华的书他却越读越兴趣盎然。他认为叔本华的思想、文笔，同样精锐无匹。他最喜欢的是叔本华的《知识论》。他对叔氏的好几种著作，都反复读过多次。用他自己的话来说，这段时间他最好的伴侣是叔本华的著作。他在读了叔本华的著作后，回过头来再读康德的书，似乎更为易懂了。

他为什么回国后决定研究哲学呢？据他自己解释，是因为"体素羸弱，性复忧郁。人生之问题，日往复于吾前，自是始决从事于哲学"。从二十六岁到二十九岁，足足有三四年，王国维都在对哲学下苦功。看来他将成为哲学家了。

第四章 哲学欤？文学欤？

　　如前所说，王国维在东文学社学习，偶然接触康德、叔本华的哲学思想，发生了仰慕之情。从日本归国后，立志从事哲学研究。他之所以决心从事哲学研究，目的在于解决人生问题。关于为学过程，他在三十岁那年，写了一篇《自序》详细记述道：

　　……留东四五月而病作，遂以是夏归国。自是以后，遂为独学之时代矣。体素羸弱，性复忧郁。人生之问题，日往复于吾前，自是始决从事于哲学。而此时为余读书之指导者，亦即藤田君也。次岁春，始读翻尔彭之《社会学》、器文之《名学》、海甫定之《心理学》，之半，而所购哲学之书亦至。于是暂辍心理学，而读巴尔善之《哲学概论》、特尔彭之《哲学史》……既卒《哲学概论》与《哲学史》，至次年始得汗德之《纯理批评》。至《先天分析论》，几全不可解，更辍不读；而读叔本华之《意志及表象之世界》一书。叔氏之书，思精而笔锐，是岁前后读二过。次及其《充足理由之原则论》《自然中之意志论》及其文集等，尤以其《意志及表象之世界》中汗德哲学之批评一篇，为通汗德哲学关键。至

> 二十九岁,更返而读汗德之书,则非复前日之窒碍矣。嗣是
> 于汗德之《纯理批评》外,兼及其伦理学及美学。至今年从
> 事第四次之研究,则窒碍更少。……此外,如洛克休蒙之
> 书,亦时涉猎及之。近数年来为学之大略如此。

在这里,我们可以看到王国维对康德哲学的确下了一番功
夫。由不懂到懂,经历一段艰苦过程。当然,这是与对康德的崇
拜分不开的。从他所写的《汗德象赞》中足见康德在他心目中
的伟大形象。

> 人之最灵,厥维天官;外以接物,内用反观。
>
> 小知间间,敝帚是享;群言淆乱,孰正其枉?
>
> 大疑潭潭,是粪是除;中道而反,丧其故居。
>
> 笃生哲人,凯尼之堡;息彼众喙,示我大道。
>
> 观外于空,观内于时;诸果粲然,厥因之随。
>
> 凡此数者,知物之式;存于能知,不存于物。
>
> 匪言之艰,证之维艰;云霾解驳,秋山巉巉。
>
> 赤日中天,烛彼穷阴;丹凤在霄,百鸟皆喑。
>
> 谷可如陵,山可为薮;万岁千岁,公名不朽!

但康德的著作,毕竟过于艰涩,难以理解,所以当他读到
《先天分析论》,"几全不可解"时,又把兴趣转移到叔本华的著
作。特别醉心于《意志及表象之世界》。嗣后又有叔本华的学
生尼采,也激起了王国维极大的热忱。叔本华在德国哲学众多
大师中,是倾向康德学说的。他自认为是康德的继承者,生平处
处模拟康德。但是他不承认康德物自体不可知论。叔本华论定

"物自体"就是人的意志，是可知的。叔本华的著作里，阐述康德学说之处甚多。叔本华以其思想的敏锐及文笔的犀利，赢得王国维为之倾倒。在相当长的时期内，叔本华对王国维具有魔力。并且，如他所说，通过叔本华使他进一步认识康德哲学的深奥处。所以说康德、叔本华以及尼采，都是王国维在哲学上所信奉的导师。正是在康德、叔本华、尼采的影响下，他写了一系列哲学和与哲学有关的论文：

《论性》

《释理》

《原命》

《叔本华之哲学及其教育学说》

《叔本华与尼采》

《叔本华遗传说后》

《论哲学家及美术家之天职》

无可否认，王国维在哲学方面是属于康德、叔本华、尼采这一系的。他还在这三位哲学家之间进行比较，探溯他们相互之间的学术渊源及其异同。他说：

> 汗德之学说，仅破坏的而非建设的。彼憬然于形而上学之不可能，而欲以知识论易形而上学，故其说仅可谓之哲学之批评，未可谓之真正之哲学也。叔氏始由汗德之知识论出，而建设形而上学，复与美学、伦理学以完全之系统。然则视叔氏为汗德之后继者，宁视汗德为叔氏之前驱者为妥也。①

---

① 见《叔本华之哲学及其教育学说》。

又说：

> 自吾人观之，尼采之学说全本于叔氏。其第一期之说，即美术时代之说，其全负于叔氏，固可勿论；第二期之说，亦不过发挥叔氏之直观主义；其末期之说，虽若与叔氏相反对，然要之不外以叔氏美学上之天才论应用于伦理学而已。①

就这样，他接受了"先验论"、"唯意志论"、悲观主义、超人学说等唯心主义哲学思想，形成了自己的世界观。一方面他把这些推荐给国内知识界，成为近代史上引进叔本华与尼采学说的第一人；一方面以这些作为理论根据，论述文学和教育，获得成功，即所谓"取外来之观念与固有之材料互相参证"②。更重要的是，康德、叔本华、尼采唯心主义哲学是构成王国维思想体系的核心。因而综其一生，无论评文、论学、为人、处世，都与此密切相关联。最为突出的表现为对人生问题的看法。因为王国维研究哲学的目的，本来就是为了解决人生问题的。

王国维于一九〇四年最早把叔本华与尼采介绍到我国来，特别强调其文学上的非凡才能。并着重指出这"二大伟人"的学说，主要目的在于"破坏旧文化而创造新文化"。从叔本华的《杂作》（*Miscellanies*）、尼采的《查拉图斯特拉如是说》（*Also sprach Zarathustra*）来看，这两本书都是文学杰构。前者对音乐、美术也富于启示，后者号召向生活挑战的意义更要大些。他们在中国所产生的影响，与其说是哲学方面的，不如说是文学方面

---

① 见《叔本华与尼采》。
② 见陈寅恪《海宁王静安先生遗书序》。

的更为确切。

　　王国维青年时代，在哲学上数年如一日刻苦用功，超过对其他学问的专心致志；但是当他三十而立之年，却毅然放弃了哲学研究。这是为什么呢？据他自己检讨，因为发现哲学上的矛盾，使他深深陷入苦闷之中。"人生过处惟存悔，知识增时只益疑。"人生、人生，抱着解决人生问题的满怀希望而走向哲学，哲学却无助于揭示人生的真谛，怎能不叫他发出感喟呢。听听他的自白吧：

　　　　余疲于哲学有日矣。哲学上之说，大都可爱者不可信，而可信者不可爱。余知真理，而余又爱其误谬。伟大之形而上学、高严之伦理学与纯粹之美学，此吾人所酷嗜也。然求其可信者，则宁在知识论上之实证论、伦理学上之快乐论与美学上之经验论。知其可信而不能爱，觉其可爱而不能信，此近二三年中最大之烦闷……①

　　此后，王国维由哲学转向文学，又由文学转向史学。在专研史学之际，犹留恋于文学；而舍弃哲学之后，未曾一次回首，似乎真的从兹挥手诀别。然而，事实并非如此。康德、叔本华、尼采在他灵魂深处刻下的烙印，永远没有消除，竟像幽灵一样，伴随着他，直到把他送入坟墓。

　　王国维在引进康德主义哲学的同时，也引进了这一系的美学思想。

　　我国古代本来就有非常丰富的美学学说思想，散见在各种

————————

①　见《自序》。

古籍中。这些美学遗产，是十分珍贵的。但美学作为一门独立的学科，为期并不太久。关于西方美学理论系统地介绍到中国来，是鸦片战争以后的事。王国维是西方资产阶级美学引进中国的第一人。叔本华的美学是其哲学的组成部分，也是王国维美学观点的来源。王国维的《〈红楼梦〉评论》，甚至可以说是他的哲学和美学重要论著之一。在《评论》发表的二三年内，他还写了几篇有关这方面的文章：

《屈子文学之精神》

《古雅在美学上的地位》

《人间嗜好的研究》

此外，《文学小言》也是属于美学范围。前面提到的《叔本华之哲学及其教育学说》更是直接阐述叔本华与王国维所共同的美学观。《人间词话》尤其集中论说了王氏的美学理论。

从以上这些论著中，可以看出作者的美学思想主要包含：

一、美的来源。王氏认为这个问题叔本华的论述"最为透辟"。就是把美看成是"意志于最高级之完全之客观化"。自然美、人体美、艺术美，无一不来源于意志。

二、美的分析。他认为一切美，无论优美与壮美，都是形式的美。自然美是第一形式，艺术美则是"他形式"。同一形式的美，表现不尽相同。

三、美是超越利害关系之外的。他认为把哲学、美术视为道德、政治的手段，便毫无价值。

由此，产生了"古雅说""游戏说""天才说""境界说"。

"古"的反面自然是"今"，"雅"的反面就是"俗"。提倡"古雅"，便意味着美要脱离时代，脱离现实。显然与"美是生活"是背道而驰的。

王国维说："文学者，游戏的事业也。"在古典美学家那里，持"游戏说"的很多。王国维的"游戏说"，是与他经常讲的哲学、文学要"超然于利害之外"相联系的。一涉及利害，就不算是美。所以他主张为艺术而艺术，为学术而学术。

王国维又认为："美术者，天才之制作也。"又说："天才者，或数十年而一出，或数百年而一出。"像屈原、陶渊明、杜甫、苏轼这样的大文学家，是不多见的。

王国维把意境当作文学之本，认为文学作品之高下，全视意境之有无、深浅。《人间词话》是以"境界说"为中心课题进行论述的。"境界说"的最后，逼出一个"真"字。所谓"能写真景物、真感情者，谓之有境界；否则谓之无境界"。求真，是王国维美学思想中可取之点。如果我们把董理王国维的美学思想比作披沙拣金的话，那么，"境界说"当然是金子了，而求真就是金子发出的光芒。

王国维从日本留学回国，先后担任南通师范、苏州师范教习，又主编过《教育世界》杂志，对教育学不能说没有研究。事实上他发表过不少关于教育的言论和主张。他的《教育偶感》、《教育小言》（前后达三十余则）、《论小学唱歌之材料》等，还受到社会上相当重视，以至他的故乡海宁教育界人士一度有意推他为学童。但是，这方面我们不打算一一论及。在此，我们要着重谈一下《奏定经学科大学文学科大学章程书后》。这是针对张之洞所提大学章程而发的抨击性论文。张之洞当时身为学部尚书，王国维是他手下一名职员，居然敢于公开反对这位显赫一时的上司，一般说来，颇不容易办到。何况他所反对的，正是张之洞自鸣得意的"中体西用"那一套呢。王国维表面上是对办分科大学提意见，实际上是对儒家道统发动进攻。其中有许多近于"离经叛道"的话，即使今天看来，也觉得生气凛然。文章开头是这样写的：

> 今日之奏定学校章程，草创之者，黄陂陈君毅，而南皮张尚书实成之。其小学、中学诸章程中，亦有不合乎教育之理法者，以世多能知之、能言之，余固勿论。今分科大学之立有日矣，且论大学。大学中若医、法、理、工、农、商诸科，但袭日本大学之旧，不知中国现在之情形有当否？以非予之专门，亦不具论。但论经学科、文学科大学。分科大学章程中之最宜改善者，经学、文学二科是已。余谓此张尚书得意之作也。……尚书之志则善矣，然所以图国家学术之发达者，则固有所未尽焉。……

文内最精彩、最能击中以张之洞为代表的儒家要害，而又足以说明王国维三十岁以前向往新文化热情的是下面这些话：

> 貌为尊孔以自附于圣人之徒，或貌为崇拜外国以取媚于时势，二者均窃为尚书不取也。
>
> 故今日所最急者，在授世界最进步之学问之大略，使知研究之方法。
>
> 夫尊孔孟之道，莫若发明光大之；而发明光大之道，又

莫若兼究外国之学说。

今日之时代，已入研究自由之时代，而非教权专制之时代。苟儒家之说而有价值也，则因研究诸子之学而益明；其无价值也，虽罢黜百家适足以滋世人之疑惑耳。

异日发明光大我国之学术者，必在兼通世界学术之人，而不在一孔之陋儒，固可决也。

这篇盛传一时的名文，后来收入了《静庵文集・续集》，无怪乎清末有人要把《静庵文集》列入禁书，罗振玉在编订《海宁王忠悫公遗集》时，也摒弃不用。

显然，从日本留学回国，先后在通州师范及苏州师范担任教习的王国维，无论是发自内心的要求，还是为了工作需要，强迫自己阅读西方书籍，总之，他是完全为西方社会文明代表的各种学说所深深吸引了。我们从他这一时期的著作来看，发现他的阅读范围非常广阔，远非同时代的一般学者所能比。他学习对象绝不限于康德、叔本华、尼采三家，也绝不限于哲学一门。亚里士多德、莎士比亚、歌德、但丁……他无不熟识。文学上现实主义、浪漫主义种种流派，他都了解。其他方面，从达尔文的进化论、生存竞争学说，到罗马医学大家额伦（盖伦）的著作，他都涉猎，并能引用。可以想见，他对欧洲社会各种思潮并不陌生。他用康德、叔本华、尼采的哲学观点，论述我国的文学和教育，不过是其中的一端而已。更可以想见，作为戏曲研究者的王国维，对文艺复兴后的人文主义文学，对人文主义作家莎士比亚的作品，必然引起很大的兴趣，也必然会从中受到教益，取得力量。

那么他能不像叔本华和尼采一样向封建主义发起挑战吗？他在
《论近年之学术界》一文中喊出了要以人之道对人，在《书后》里
更进一步向旧的势力直接宣战。如果我们承认王国维受西方学
说的熏陶较深，当他清楚地看到人文主义在中国不为人们所接
受，甚至不为人们所认识的时候，他能不感到悲愤与沉痛吗？
《人间词》不少作品所倾诉的无尽的哀愁，难道仅仅是因为作者
个人不幸的遭遇才产生的吗？"陌上金丸看落羽，闺中素手试
调醯，今宵欢宴胜平时。"为什么不可以看作鲁迅在《狂人日记》
中所描写的"人吃人"的另一形式的反映呢？

可惜得很，王国维没有继续朝这一方向行进。他向西方学
习所激发起来的生命的火花，再度东航日本就熄灭了，冷却了，
真似昙花一现。因而历来论述王国维的人，都不大提起。《人
间词》的研究者也从来不从这一角度去探寻哀愁中深藏着的
"担荷人类罪恶"之意了。

第五章 由叔本华到《〈红楼梦〉评论》

徘徊于哲学与文学两条道路之间的王国维,以叔本华的理论做指导,写下了《〈红楼梦〉评论》。

《红楼梦》是我国古典小说中最优秀的作品之一。在小说作者生前,亦即十八世纪中叶,这部名著最初用手抄本的形式开始传播以来,一直受到广大读者的竭诚欢迎。十九世纪初流行的《竹枝词》有两句说:"开谈不说《红楼梦》,纵读诗书也枉然。"可以想见当时的"《红楼梦》热"是相当普遍的。《时务报》创办人之一的黄遵宪在日本做外交官时,曾经向日本朋友说:"《红楼梦》乃开天辟地、从古到今第一部好小说。"他的话,可以代表清代末年有头脑的知识分子对《红楼梦》的评价。

《红楼梦》这部伟大的文学作品,有一个为别的古典小说所无的特点,就是甚至当它仅有部分章节传抄问世的时候,就有人对它进行评论。现在,大家都知道《红楼梦》最初题名为《石头记》。《石头记》最早的抄本,就有了脂砚斋评语。我们迄今还不知道脂砚斋为何许人,但脂砚斋为《红楼梦》第一个研究者、评论者,是毫无疑问的。从脂砚斋起,对《红楼梦》进行研究、评论的人,真是难以数清。红学专家习惯于援用文学史家以五四运动为界线的分期法,把五四运动之前所有《红楼梦》的研究称之为旧红学,五四以后为新红学。这也是不得已而为之吧。因此,王国维的《〈红楼梦〉评论》,属于旧红学范围。其实,就对《红楼梦》的研究方法而言,王国维的评论,又为某些新红学家所不及。先看看在王国维之前《红楼梦》的研究状况吧。

最早的《红楼梦》评论者脂砚斋,是最为接近作者的人,对作品的素材以及写作计划,都十分清楚。所以他在评论中,对素材的运用和内容更改种种方面,都涉及了。这真是向来文学评论中稀有的事。他的评论方式是随读随写,有感则录。我们不妨把它叫作随感录式。这种随感录式的评论,在我国历史上的文学评论中居最多数,《红楼梦》也不例外。或曰随笔,或曰札记,或曰闲话,名目多种多样,但为随感录式则一。

有的评论家,对作品的意见,不是用散文写出,而是用诗词来表达。我们把它叫作韵文式。题赞《红楼梦》的韵文之多,也是其他古典小说所少见的。

中国封建统治者用来维护其统治的科举制度,由来已久。单以八股取士而论,明清两代绵延了六百年。六百年中,八股文成为读书人的必修课。因而选编中式的八股为墨卷,加以评点出版之风极为盛行。《儒林外史》所描绘的若干选家,正是历史的真实写照。用选家评点时文的手法来评议小说,评议《红楼梦》,自亦不足为奇,我们把它叫作墨卷式。

如果说随感录式、韵文式、墨卷式的评论文章,对《红楼梦》的研究,也不无可取之点的话,那么,后来的索隐派研究专著,便可以说毫无是处。

我们说整个索隐派不管是王梦阮、沈瓶庵的《〈红楼梦〉索隐》也好,蔡子民的《〈石头记〉索隐》也好,乃至邓狂言的《〈红楼梦〉释真》,全无是处,最主要的一条就因为他们的出发点,把《红楼梦》当作本事记载,而不是认定它为现实主义文学杰构。这是对《红楼梦》的最大歪曲。虽说王、蔡诸人的著作,产生在王国维的《〈红楼梦〉评论》之后,但是,远在乾隆年间,即《红楼梦》问世不久,就有人指此书为写某某家事。如袁枚的《随园诗话》疑为明珠家事;周春的《阅〈红楼梦〉随笔》认为不是纳兰一家,而是写的张勇家事。这些,已开索隐派之先声,把《红楼梦》研究引入歧途。流风所及,至今未息。

继索隐派而起的"自传"说,与索隐派相比,不过五十步与百步之差而已。

总之,在《〈红楼梦〉评论》之前或稍后一段时期,《红楼梦》研究者为数纵多,却谁也没有认真地以文学的观点给予评价。而王国维的《〈红楼梦〉评论》就这样做了,因此我们说它突破了前人,成为《红楼梦》研究史上的一块里程碑。

《〈红楼梦〉评论》共分五章,其内容梗概,略为介绍于下。

第一章:人生及美术之概观

在这一章里,主要是阐述人生和美术的基本概念。开头引用老聃和庄周的话。"老子曰:'人之大患,在我有身。'庄子曰:'大块载我以形,劳我以生。'"接着就说:"忧患与劳苦之与生相对待也久矣。夫生者，人人之所欲；忧患与劳苦者，人人之所恶也。"着重说明人生充满着矛盾，欲望永远不能满足，所以人生永远是痛苦的。"生活之本质何？欲而已矣。""欲与生活与苦痛，三者一而已矣。"归根到底，人生是不幸的。痛苦既循环往复，无穷无尽，那么生活还有什么意义呢？看看他的议论吧。

生活之本质何？欲而已矣。欲之为性无厌，而其原生于不足。不足之状态，苦痛是也。既偿一欲，则此欲以终。然欲之被偿也一，而不偿者什百。一欲既终，他欲随之。故究竟之慰藉，终不可得也。即使吾人之欲悉偿，而更无所欲之对象，倦厌之情，即起而乘之。于是吾人自己之生活，若负之而不胜其重。故人生者，如钟表之摆，实往复于苦痛与倦厌之间者也。夫倦厌固可视为苦痛之一种，有能除去此二者，吾人谓之曰快乐。然当其求快乐也，吾人于固有之苦痛外，又不得不加以努力，而努力亦苦痛之一也。且快乐之后，其感苦痛也弥深。故苦痛而无回复之快乐者有之矣，未有快乐而不先之或继之以苦痛者也。又此苦痛与世界之文化俱增，而不由之而减。何则？文化愈进，其知识弥广，其所欲弥多，又其感苦痛亦弥甚故也。然则人生之所欲，既无以逾于生活，而生活之性质，又不外乎苦痛，故欲与生活与苦痛，三者一而已矣。

这种对人生的看法，是从哪里来的呢？来自叔本华的悲观主义哲学。

在这茫茫无边的痛苦的海洋里，人，有什么可以减轻痛苦的呢？曰：有之。那就是美术。王国维说："有兹一物焉，使吾人超然于利害之外，而忘物与我之关系。"此物维何？非美术不足以当之。

在这里，需要说明一下，王国维所讲的美术，与我们今天讲美术二字含义不同。他文内美术这个概念，相当于文艺，包括一切文学作品在内。

王国维分析美有两种：一为优美，一为壮美。他说：

> 苟一物焉，与吾人无利害之关系，而吾人之观之也，不观其关系，而但观其物，或吾人之心中，无丝毫生活之欲存，而其观物也，不视为与我有关系之物，而但视为外物；或吾人之心中，无丝毫生活之欲存，而其观物也，不视为与我有关系之物，而但视为外物，则今之所观者，非昔之所观者也。此时吾心宁静之状态，名之曰优美之情，而谓此物曰优美。若此物大不利于吾人，而吾人生活之意志为之破裂，因之意志遁去，而知力得独立之作用，以深观其物，吾人谓此物曰壮美，而谓其感情曰壮美之情。

这种把美分为优美与壮美，是直接得之于康德。

为什么王国维写《〈红楼梦〉评论》，首先要阐述人生及美术的基本概念呢？因为他是以这两个做标准来衡量《红楼梦》一书的。他认为《红楼梦》一书正是描写人生的痛苦及其解脱之道，《红楼梦》既有优美，又有壮美，壮美多于优美。所以《红楼梦》之为物,能减轻吾人生活上之痛苦。王国维以此为出发点对《红楼梦》进行评论,亦即以康德、叔本华之见解来评论《红楼梦》。

第二章:《红楼梦》之精神

作者在这一章里,论述了《红楼梦》一书的精神主旨,在于揭示人生痛苦的由来及其解脱之道。他认为痛苦的由来是"欲"。他引述了《红楼梦》第一回关于青埂峰下不得补天的顽石一段文字。因为顽石自己要求到"忧患劳苦之世界"走一趟,所以造出此后历时一十九年的痛史。于是,他说:

> 所谓玉者,不过生活之欲之代表而已矣。故携入红尘者,非彼二人之所为,顽石自己而已;引登彼岸者,亦非二人之力,顽石自己而已。岂独宝玉一人然哉? 人类之堕落与解脱,亦视其意志而已。而此生活之意志,其于永远之生活,比个人之生活为尤切;易言以明之,则男女之欲,尤强于饮食之欲。何则? 前者无尽的,后者有限的也。前者形而上的,后者形而下的也。……是故前者之苦痛,尤倍蓰于后者之苦痛。而《红楼梦》一书,实示此生活此苦痛之由于自造,又示其解脱之道不可不由自己求之者也。

痛苦是自己造成的,解脱之道也全在于自己。什么是解脱之道呢? 王国维说:"解脱之道,存于出世,而不存于自杀。"理由是:

> 出世者,拒绝一切生活之欲者也。彼知生活之无所逃于苦痛,而求入于无生之域。当其终也,恒干虽存,固已形

如槁木,而心如死灰矣。若生活之欲如故,而不满于现在之生活,而求主张之于异日,则死于此者,固不得不复生于彼,而苦海之流,又将与生活之欲而无穷。

因此,王国维认为:《红楼梦》里的人物,只有宝玉、惜春、紫鹃三人,算得是真正的解脱。其余那些自尽的如"金钏之堕井也,司棋之触墙也,尤三姐、潘又安之自刎也",都算不得解脱。区别是:解脱乃"战胜生活之欲",自杀是"求偿其欲而不可得"。但在战胜生活之欲,得到真正解脱之人中,又分两种:

> 一存于观他人之苦痛,一存于觉自己之苦痛。然前者之解脱,惟非常之人为能。其高百倍于后者,而其难亦百倍。……通常之人,其解脱由于苦痛之阅历,而不由于苦痛之知识。惟非常之人,由非常之知力,而洞观宇宙人生之本质,始知生活与痛苦之不能相离,由是求绝其生活之欲,而得解脱之道。

由看到别人经历痛苦而解脱的,是惜春、紫鹃;自己尝遍痛苦而解脱的,是宝玉。这里,王国维用了很多词汇:

> 前者之解脱,超自然的也,神秘的也;后者之解脱,自然的也,人类的也。前者之解脱,宗教的也;后者美术的也。前者和平的也;后者悲戚的也,壮美的也,故文学的也,诗歌的也,小说的也。

于是,最后说:"此《红楼梦》之主人公所以非惜春、紫鹃,而为贾宝玉者也。"

王国维并由此论述美术的任务、目的,在于描写人生的痛苦及其解脱,从而使人得到暂时的平和。又进一步认为古往今来一切文学作品中,只有歌德的《浮士德》和中国的《红楼梦》很好地完成了美术的任务,所以这两部书堪称"宇宙之大著述"。

第三章:《红楼梦》之美学上之价值

在这一章里,王国维说中国人都是乐天的,所以中国文学作品中的戏曲、小说,大都是喜剧。所写悲欢离合的故事,最后总是以欢喜团圆收场。他列举了《牡丹亭》的返魂、《长生殿》的重圆为例。认为《西厢记》以《惊梦》结束,是因为尚未完成,若书告成,可能也很浅陋。你看,有了《水浒传》,又有《荡寇志》;有了《桃花扇》,又有《南桃花扇》;有了《红楼梦》,为什么又写《红楼复梦》《补红楼梦》《续红楼梦》? 无非是为了满足读者希望始悲终欢、始离终合的心情。在他看来,只有《红楼梦》与《桃花扇》属于悲剧,具有"厌世解脱之精神"。但《桃花扇》还不是真解脱,唯独《红楼梦》才是真解脱,才是"彻头彻尾之悲剧"。《红楼梦》的美术上的价值也在此。

根据叔本华的说法,悲剧有三种:第一种是恶人从中作祟;第二种是由于盲目的命运造成;第三种则是"由于剧中之人物之位置及关系而不得不然者"。王国维认为这三种悲剧中,最感人的是第三种,因为它揭示了人生之大不幸并非意外。《红楼梦》正是属于第三种悲剧。他说:

> 兹就宝玉、黛玉之事言之:贾母爱宝钗之婉嫕,而惩黛
> 玉之孤僻,又信金玉之邪说,而思厌宝玉之病;王夫人固亲

于薛氏；凤姐以持家之故，忌黛玉之才而虞其不便于己也；袭人惩尤二姐、香菱之事，闻黛玉不是东风压倒西风，就是西风压倒东风之语，惧祸之及，而自同于凤姐，亦自然之势也。宝玉之于黛玉，信誓旦旦，而不能言之于最爱之祖母，则普通之道德使然；况黛玉一女子哉！由此种种原因，而金玉以之合，木石以之离，又岂有蛇蝎之人物，非常之变故，行之其间哉？不过通常之道德，通常之人情，通常之境遇为之而已。

因此，遂称《红楼梦》为悲剧中的悲剧。

王国维的悲剧论，这一章表达无遗。悲剧，在古希腊人，本指以山羊献给酒神狄俄尼索斯的时候，伴演关于酒神的故事的歌舞。在美学史上，第一个给悲剧下定义的是亚里士多德。王国维在文章中引用了亚里士多德《诗论》中的话说："悲剧是对于一个严肃、完整，有一定长度的行动的摹仿。""借以引起怜悯、恐惧来使这种感情达到净化。"但他没有进一步阐述亚里士多德悲剧理论中最为值得注意的是强调悲剧的斗争性和严肃性，并且把行动、情节放在首位。当然，他更没有涉及黑格尔所提及的悲剧的矛盾冲突问题。因而，他也不可能认识《红楼梦》所表现的宝玉、黛玉的悲剧，是一对资本主义萌芽的幼儿与没落的封建势力冲突的悲剧。

第四章：《红楼梦》之伦理学上之价值

王国维论述了《红楼梦》为悲剧中之悲剧，认为"其美学上之价值即存乎此"之后，接着就说："然使无伦理学上之价值以继之，则其于美术上之价值尚未可知。"甚至指出："今使为宝玉者，于黛玉既死之后，或感愤而自杀，或放废以终其身，则虽谓此书一无价值可也。"为什么呢？他的理由是："欲达解脱之域者，固不可不尝人世之忧患。然所贵乎忧患者，以其为解脱之手段故，非重视忧患自身之价值也。"

如果说第三章为王国维的悲剧观，那么第四章就是王国维的解脱论。关于解脱，他讲了三个问题。

第一个问题，解脱"果足为伦理学上最高之理想否乎"，他回答说：

自通常之道德观之，夫人知其不可也。夫宝玉者，固世俗所谓绝父子、弃人伦、不忠不孝之罪人也。然自太虚中有今日之世界，自世界中有今日之人类，乃不得不有普通之道德，以为人类之法则。顺之者安，逆之者危；顺之者存，逆之者亡。于今日之人类中，吾固不能不认普通之道德之价值也。然所以有世界人生者，果有合理的根据欤？抑出于盲目的动作，而别无意义存乎其间欤？使世界人生之存在，而有合理的根据，则人生中所有普通之道德，谓之绝对的道德可也。然吾人从各方面观之，则世界人生之所以存在，实由吾人类之祖先一时之误谬。诗人之所悲歌，哲学者之所瞑想，与夫古代诸国民之传说，若出一揆。……夫人之有生，既为鼻祖之误谬矣，则夫吾人之同胞，凡为此鼻祖之子孙者，苟有一人焉，未入解脱之域，则鼻祖之罪，终无时而赎，而一时之误谬，反覆至数千万年而未有已也。则夫绝弃人伦如宝玉其人者，自普通之道德言之，固无所辞其不忠不孝之罪；若开天眼而观之，则彼固可谓干父之蛊者也。

第二个问题:"举世界之人类,而尽入于解脱之域,则所谓宇宙者,不诚无物也欤?"他说:

> 有无之说,盖难言之矣。夫以人生之无常,而知识之不可恃,安知吾人之所谓有非所谓真有者乎?则自其反面言之,又安知吾人之所谓无非所谓真无者乎?即真无矣,而使吾人自空乏与满足,希望与恐怖之中出,而获永远息肩之所,不犹愈于世之所谓有者乎?

第三个问题:"人苟无生,则宇宙间最可宝贵之美术,不亦废欤?"答曰:

> 美术之价值,对现在之世界人生而起者,非有绝对的价值也。……又设有人焉,备尝人世之苦痛,而已入于解脱之域,则美术之于彼也,亦无价值。何则?美术之价值,存于使人离生活之欲,而入于纯粹之知识。彼既无生活之欲矣,而复进之以美术,是犹馈壮夫以药石,多见其不知量而已矣。然则超今日之世界人生以外者,于美术之存亡,固自可不必问也。

以上三个问题,一个紧接一个,都是围绕着"解脱"提出来的。他认为解脱是宗教和哲学唯一的宗旨。可是,人生是不是能够真正解脱呢?他发现叔本华《知识论》对这个问题产生了矛盾。释迦牟尼、耶稣基督自身解脱与否,也是一个未知数。写到此,他引用自己所作的一首七律作为对解脱的怀疑:

生平颇忆挈庐敖，东过蓬莱浴海涛。何处云中闻犬吠，至今湖畔尚乌号。人间地狱真无间，死后泥洹枉自豪。终古众生无度日，世尊祇合老尘嚣。

——平生

虽如此，却又说以解脱为理想的《红楼梦》还是不可菲薄。

第五章：余论

这是《评论》最后一部分，是对在他之前的《红楼梦》研究者的批评。他认为以往研究《红楼梦》的评论家，受了考据学盛行的影响，大都着重考证书中主人公是谁，于是纷纷猜测，形成了两派：一是索隐派，说《红楼梦》是写某人家事；一是自传说，说是《红楼梦》乃作者自叙其生平。其实都错了。他说：

夫美术之所写者，非个人之性质，而人类全体之性质也。惟美术之特质，贵具体而不贵抽象。于是举人类全体之性质，置诸个人之名字之下。譬诸"副墨之子""洛诵之孙"，亦随吾人之所好名之而已。善于观物者能就个人之事实，而发见人类全体之性质。今对人类之全体，而必规规焉求个人以实之，人之知力相越，岂不远哉！

综观以上各节，我们可以看出：王国维的《〈红楼梦〉评论》是别开生面的创作。第一，从形式上看，它完全摆脱了诸如随感录式那些零零碎碎的评论，写成了一篇有系统、有组织结构的专门论文；第二，从内容上看，它是最早用西方的哲学、美学、文学新观点对我国古典小说进行评论的；第三，它对《红楼梦》给予很高评价，认为这是可以与《浮士德》并驾齐驱的"宇宙之大著述"。此外,它还反对旧红学家那种不正确的研究方向。总之,这些都是应该肯定的。我们深深感到《〈红楼梦〉评论》在我国文学批评史上应占有一个极其重要的席位。

《〈红楼梦〉评论》对王国维的一生具有重大意义,因为这是他多年用功学习哲学,以叔本华哲学思想作指导所写的一篇专著;同时也是他开始感觉到叔本华哲学自身存在着矛盾,最后促使他与哲学分手,从而转到文学方面的一座分水岭。

第六章 《人间词》与《人间词话》

　　王国维的兴趣由哲学移向文学,首先就是从事词的创作。

　　他二十八岁开始填词,起初和作诗一样,是为了消愁,为了从文学中得到"直接的慰藉"。他一面填词,一面研究词学。研究有了心得,即见之于创作;通过创作实践,体会更加亲切,对词的认识更为深邃。就这样,他在词学上终于形成自己的看法,做出了贡献。词作也自认取得成功。

　　词,即歌词,又名曲子词。起源于唐代,来自民间曲子,与外族音乐移植中国有密切关系。从五代至宋,蔚成风气,出现众多著名词家,历来唐诗、宋词、元曲并称,是我国古典文学中珍贵的遗产。王国维的兴趣由哲学转移到文学方面,首先是填词,接着又写了词话。他的词集和词话,都以"人间"命名。赵万里说:"人间二字数见,遂以名之。"其实未必如此。盖王氏认为文学

"以描写自然及人生之事实为主",这才是"人间"取义之由来。①

王国维对词的看法与创作实践是一致的。他认为唐、五代的词是最佳作品,宋次之。北宋则欧阳修、苏轼、秦观、周邦彦算得大词人,南宋仅辛弃疾一人而已。因此,他填词力追五代、北宋,"体裁亦与五代、北宋为近"。

《人间词·甲稿》发表于一九〇六年,次年十月,《人间词·乙稿》赓续出版。王氏去世后,别人编订《遗书》时合并为《苕华词》一卷,共一一五首。两次刊行词稿,均有樊志厚序文。据赵万里说:并无樊志厚其人,序文皆出王国维之手。我想:樊志厚可能指樊炳清。炳清,字少泉,山阴人,笃爱诗词,王国维就读东文学社时同窗好友。一九一六年,王国维从日本回到上海,登岸后就住在樊家。序文中对《人间词》评价极高。也许王国维觉得出诸作者之口,难以取信于人而托名于炳清吧。王氏此后在其三十《自序》中也一再自称其词"自南宋以后除一二人外,尚未有能及余者"。由此可见樊序确属王氏自撰。且看他是怎样称道自己的作品的吧:

　　　　及读君自所为词,则诚往复幽咽,动摇人心,快而沉、直而能曲,不屑屑于言词之事,而名句间出,殆往往度越前人。至其言近而旨远,意决而辞婉,自永叔以后,殆未有工如君

————————

① 《人间词》一一五首中,"人间"二字凡三十八见,故赵氏认为乃命名所自。但这并非命名的主要原因。可参看南京师范学院出版之《文教资料简报》107、108 期合刊,上面有笑枫辑《王国维研究资料》。

者也。君始为词时,亦不自意其如此,而卒如此者,天也,非人之所能为也。

——《人间词·甲稿》序

静安之词,大抵意深于欧而境次于秦,至其合作,如《甲稿·浣溪沙》之"天末同云"、《蝶恋花》之"昨夜梦中",《乙稿·蝶恋花》之"百尺朱楼"等阕,皆意境两忘,物我一体,高蹈乎八荒之表,而抗心乎千秋之间,骎骎乎两汉之疆域,广于三代;贞观之政治,隆于武德矣。方之侍卫,岂徒伯仲。此固君所得于天者独深,抑非致力于意境之效也?

——《人间词·乙稿》序

王国维对自己所填的词,如此自命非凡,文学史上,尚未多见。本来,他论词订了一条标准,即从意境之有无、深浅,来评定词之高下。他认为自己所填的词,意境很高,从而肯定超越前人,自属顺理成章。我们今天所要知道的,是他的作品到底算不算最佳之作。当然,我们得承认他的词有一定的成就。托辞深婉,意境独厚,是其长处。特别是在晚清拼命追求雕词琢句的词风下,比较起来,他的词诚属难能可贵。然而,绝不如他所说出于天授,罕有伦比。历史是最公正的裁判。时至今日,从读者中来的赞美之辞,赞《人间词》者不及赞《人间词话》的百分之一。①

---

① 香港文昌书局出版王宗乐著:《〈苕华词〉与〈人间词话〉述评》。作者认为王国维所为词成就大过《人间词话》,乃仅见的一例。

再看看具体事实:《人间词话》从朴社印单行本后,新中国成立前后曾有各种校注本。并出过多种研究专著,如《〈人间词话〉笺证》(1928 年文化学社出版,作者靳德峻)、《〈人间词话〉讲疏》(1937年上海正中书局出版,作者许文雨)。最近,又有《〈人间词话〉新注》。此外,一九七七年香港大学还出版了《人间词话》英译本。据知:译者美国阿黛尔·奥斯汀·里基特(即李又安)博士历时二十八年方告完成。至于对王氏在《词话》中提出的"意境说"进行探究的学者那就难以数清了。这难道不是最好的说明吗? 为了让读者自行鉴赏起见,特将王氏自认为成功的代表作移录于此:

浣溪沙

天末同云黯四垂,失行孤雁逆风飞。江湖寥落尔安归? 陌上金丸看落羽,闺中素手试调醯。今宵欢宴胜平时。

蝶恋花

昨夜梦中多少恨,细马香车,两两行相近。对面似怜人瘦损,众中不惜褰帷问。　陌上轻雷听渐隐,梦里难从,觉后那堪讯。蜡泪窗前堆一寸,人间只有相思分。

蝶恋花

百尺朱楼临大道,楼外轻雷,不间昏和晓。独倚阑干人窈窕,闲中数尽行人小。　一霎车尘生树杪,陌上楼头,都向尘中老。薄晚西风吹雨到,明朝又是伤流潦。

喜迁莺

秋雨霁,晚烟拖,宫阙与云摩。片云流月入明河。鹈鹕散金波。　　宜春院,披香殿,雾里梧桐一片。华灯簇处动笙歌,复道属车过。

我个人认为王国维之于词,所以勇于自信,最主要的原因,在于他对当时词坛一味追求梦窗、玉田,"并不求诸气体,而惟文字是务"的词风,非常不满。他平日痛诋"梦窗砌字,玉田垒句,一雕琢、一敷衍,其病不同,而同归于浅薄"。因之,他想用自己的作品力挽颓风。可是,能有几人听从他呢?他结识词坛领袖人物况周颐、朱孝臧辈,是此后十年的事了。

此外,我们也还可以从其他方面去发掘《人间词》所具有的,为别的词人,至少是宋以后词人很少留心的特点。比如《人间词话》两卷本下卷(据知为赵万里辑自王国维未刊稿)有这样一则:

双声叠韵之论,盛于六朝。唐人犹多用之,至宋以后,则渐不讲。并不知二者为何物。……亦不复用之于词。余谓苟于词之荡漾处,多用叠韵,促节处用双声,则其铿锵可诵,必有过于前人者。惜世之专讲音律者,尚未悟此也。

既然双声叠韵唐人在诗歌中"犹多用之",宋以后才"不知二者为何物";他又经过进一步探索,得知"苟于词之荡漾处,多用叠韵,促节处用双声,则其铿锵可诵,必有过于前人者",他定会在填词时照这样去做。同时,也可以说,正是他这样去做了,通过创作实践,取得了经验,才把它写入词话的。那么,我们不妨检视一下他的作品。仍以前所移录王氏自认为成功的几首代表作为例。果然,像《浣溪沙》中寥落、落羽、调醴,《蝶恋花》中的瘦损、阑干、窈窕、楼头,《喜迁莺》中的宫阙、鸩鹊⋯⋯作者安排使用双声、叠韵,都恰到好处。所以这些词读来不仅铿锵可诵,而且确使读者有"往复幽咽,动摇人心"之感。

《人间词》中其余作品,也可以找到同样的事例。因此,对这个问题,我们的看法又更进一层:王国维填词确有匠心独运之处。

《人间词话》据作者于篇末自署:"宣统庚戌九月脱稿于京师定武城南寓庐",即公元一九一〇年。大概这是指最后准备付印而言。实际上早在一九〇八年十一月就在上海出版的《国粹学报》上发表了第一部分。接着,于一九〇九年一月和二月,又发表了一部分。总共已发表的为六十四则。一九二六年作者还在世的时候,俞平伯录付朴社印单行本,并作短序。此编自此广泛流传。今手稿保存在北京图书馆。据见过手稿的刘烜介绍:手稿共有一百二十则。《国粹学报》所发表的,经过作者精心挑选,各则先后顺序安排,也是经过缜密考虑的。从手稿的某些迹象,可以看出:作者对《词话》系以"境界说"为中心进行阐述,写成后又字斟句酌,反复修改。而后作者还选了二十一则关于论说境界的剪报,弥见作者对这本寥寥四千余言的小书,一直是钟爱的。① 至于坊间流传的《人间词话》三卷本,则是与作者接近的人从未刊稿中增选一部分并拼凑其他王氏论词片断而成。

我们从作者于一九〇六年在《教育世界》杂志上发表的《文学小言》中,可以看到与《人间词话》大体相同的两节文字:

> 古今之成大事业大学问者,不可不历三种之阶级:"昨夜西风凋碧树,独上高楼,望尽天涯路。"此第一阶级也。"衣带渐宽终不悔,为伊消得人憔悴。"此第二阶级也。"众里寻他千百度,蓦然回首,那人却在,灯火阑珊处。"此第三阶级也。未有不阅第一第二阶级而能遽跻第三阶级者。文学亦然。此有文学上之天才者所以又需莫大之修养也。

> 诗至唐中叶以后殆为羔雁之具矣。故五季北宋之诗(除一二大家外),无可观者。而词则独为其全盛时代。其诗词兼擅如永叔、少游者,皆诗不如词远甚。以其写之于诗者,不若写之于词者之真也。至南宋以后,词亦为羔雁之具,而词亦替矣。(除稼轩一人外)观此足以知文学盛衰之故矣。

这,说明作者在《词话》之前,早有了这些见地。同时,《词话》中优美与壮美的说法,引自康德,也早见于《〈红楼梦〉评论》。后于《词话》问世的《宋元戏曲史》,一再论及意境,并解释"何以谓之有意境? 曰:写情则沁人心脾,写景则在人耳目,述事则如其口

---

① 刘炬《王国维〈人间词话〉的手稿》,载一九八〇年《读书》第七期。

出是也"。据此,足知王国维《人间词话》所论述的文学见解,是蓄之胸中甚久,经过多年酝酿,逐渐而形成的有系统的理论。

关于境界或意境,历来说者纷纭。这是一个涉及美学范畴的重要课题。它不仅在文艺欣赏、文艺批评中经常为人们所谈论,而且作家进行文艺创作时也无不用心在探索。

近几年著文论述境界说的日益增多,所不同的是,早二三十年的论者,并未把意境说成境界的同义词,近年来则大都认境界即意境。我翻检了一下,王国维在一九○六年三月的《人间词甲稿·序》中,尚未出现"意境"二字,相隔不久,于一九○七年十月《乙稿·序》中竟大量使用这一术语。至于"境界"一词,稍晚始见于《人间词话》。最初发表在《国粹学报》上的六十四则《词话》中,用"境界"达十三次,把"境界"简称为"境"者尤多,用"意境"仅有一次。则知"境界"较"意境"晚出。但后来在《宋元戏曲史》上,只言"意境",不再提"境界"了。然则,"意境"与"境界"固当有别。

境界原出于佛家经典。含义各书颇不同。一般地说,指修养达到某种程度而言。如前所引《文学小言》称为"阶级"的,其后在《词话》中一律改称"境界"。佛家也以涅槃为最高境界。自然,不同境界有不同景象。清初刘体仁《七颂堂词绎》曾说:"词中境界,有非诗之所能至者。"与王氏《词话》所说"此第一境也""此第二境也",用法亦相去不远。

至于意境,不难从古代文论中,探寻其渊源。大抵较早时期,或言意,或言境,后来方结合意境论述之。例如:生年略早于王国维的陈廷焯,在其所著《白雨斋词话》中,意境一词,触目皆是:

王碧山词,品最高,味最厚,意境最深。

其年、竹垞,才力雄矣,而意境未厚。

周秦词以理法胜,姜张词以骨韵胜,碧山词以意境胜。

熟读温韦词,则意境自厚;熟读周秦词,则韵味自深;

熟读苏辛词,则才气自旺;熟读姜张词,则格调自高。……

陈氏把意境与韵味、格调相对而言,他笔下的意境,与以往诗词评论家所说的兴趣、神韵用法略近。王国维在《词话》中特别提到这些词语与他所谓境界有根本不同之处。他说:

沧浪所谓兴趣,阮亭所谓神韵,犹不过道其面目,不若鄙人拈出境界二字为探其本也。

言气质、言神韵,不如言境界。有境界,本也。气质,神韵,末也。有境界而二者随之矣。

就是王国维在别处所说的意境,也带有本质上的意义。他衡量文学作品是以意境为标准的。"文学之工不工,亦视其意境之有无与其深浅而已。"正是因为境界与意境在王国维的心目中都关系"文学的本质",而又在《词话》刊行后未再提境界,所以时贤均认意境为王氏的文艺理论。《人间词话》这本书,无疑是以意境说为中心写成的,简直可以题作"王氏意境论"。王氏从事词的创作及词学研究的时候,正当学习西方哲学和美学之后。当时,他还写了《论新学语之输入》一文,阐述语言代表思想,新学语意味着新思想。自从西方学术传入中国,出现大量新学语,影响中国文学。好奇者滥用新学语,泥古者唾弃新学语,王氏看来都不对。应当很好地运用新学语,促使中国文学向前发展。于是,他便选用词话这种形式,来发挥自己对文学的见解,建立了意境论,创造性地提出只有当主观方面诗人的思想感情(意)与客观方面诗人所接触的事物(境)融合为一的时候,作品才有可能达到优美的艺术境界。

我们看,《人间词话》开首就说:

> 词以境界为最上。有境界则自成高格,自有名句。五代北宋之词所以独绝者在此。

接着,就讲到文学上理想派与写实派的相互关系,并进一步标出有我之境与无我之境:

> 有造境,有写境,此理想与写实二派之所由分。然二者颇难区别。因大诗人所造之境,必合乎自然,所写之境,必邻于理想故也。
>
> 有有我之境,有无我之境。"泪眼问花花不语,乱红飞过秋千去。""可堪孤馆闭春寒,杜鹃声里斜阳暮。"有我之境也。"采菊东篱下,悠然见南山。""寒波澹澹起,白鸟悠悠下。"无我之境也。有我之境,以我观物,故物皆著我之色彩;无我之境,以物观物,故不知何者为我,何者为物。古人为词,写有我之境者为多,然未始不能写无我之境。此在

豪杰之士能自树立耳。

作者还鼓励诗人向无我之境努力,并且指出:

> 无我之境,人惟于静中得之;有我之境,于由动之静时
> 得之。故一优美,一宏壮也。

王氏唯恐人们误认境是指景说的,他说:

> 境非独谓景物也,喜怒哀乐亦人心中之一境界。故能
> 写真景物、真感情者,谓之有境界;否则谓之无境界。

境界又有大有小,是不是大的就胜过小的呢? 王氏说:

> 境界有大小,不以是而分优劣。"细雨鱼儿出,微风燕
> 子斜"何遽不若"落日照大旗,马鸣风萧萧";"宝帘闲挂小
> 银钩"何遽不若"雾失楼台,月迷津渡"也。

王氏又提出"隔与不隔"之论。说写景写情要有意境,就必
须不隔。他举了一些实际例子:

> 问隔与不隔之别? 曰:陶谢之诗不隔,延年则稍隔矣;
> 东坡之诗不隔,山谷则稍隔矣。"池塘生春草""空梁落燕
> 泥"等二句,妙处惟在不隔。词亦如是。即以一人一词论,

如欧阳公《少年游·咏春草》上半阕云:"阑干十二独凭春,晴碧远连云。二月三月,千里万里,行色苦愁人。"语语都在目前,便是不隔。至云"谢家池上,江淹浦畔"则隔矣。白石《翠楼吟》:"此地宜有词仙,拥素云黄鹤,与君游戏。玉梯凝望久,叹芳草萋萋千里。"便是不隔。至"酒祓清愁,花消英气"则隔矣。……

"生年不满百,常怀千岁忧。昼短苦夜长,何不秉烛游?""服食求神仙,多为药所误;不如饮美酒,被服纨与素。"写情如此,方为不隔。"采菊东篱下,悠然见南山。山气日夕佳,飞鸟相与还。""天似穹庐,笼盖四野。天苍苍,野茫茫,风吹草低见牛羊。"写景如此,方为不隔。

《词话》中所说历代词家作品,都围绕意境这个中心。意境说的最大特点,是就审美过程中"物""我"关系的变化,进行具体深入的分析,用以说明意境之不同于风格。所谓"于静中得之""于由动之静时得之",正是强调诗人主观上的感情与客观自然之间的变化是美的境界所由产生。

我们仔细寻绎王国维论词或曲,无论强调意境或拈出境界二字"探其本",都离不开一个"真"字。他说:

能写真景物、真感情者,谓之有境界,否则谓之无境界。

大家之作,其言情也必沁人心脾;其写景也必豁人耳目。其辞脱口而出,无矫揉妆束之态,以其所见者真,所知者深也。

　　"昔为倡家女,今为荡子妇。荡子行不归,空床难独守。""何不策高足,先据要路津;无为守穷贱,轗轲长苦辛。"可谓淫鄙之尤。然无视为淫词、鄙词者,以其真也。

　　北宋名家以方回为最次,其词如历下新城之诗,非不华赡,惜少真味。

　　唐五代北宋之词,可谓生香真色,若云间诸公,则彩花耳。

　　求真,是王国维学术成就上的最大特点;求真,也是他在文学上的主张。

　　陈寅恪总结王国维治学的三个方面,其一即用外来观念与固有材料相互参证①。《人间词话》正是他运用西方美学思想论述我国文学的著作之一。在王国维之前,还没有人这样做过。所以《人间词话》别开生面,引人入胜,以立论警辟、新颖,赢得了广大读者,把我国自宋以来,至不可胜数的诗话、词话这类著作统统甩在一边。

　　《人间词话》不但是一本文学名著,而且在美学方面也产生了很大的影响。随着美学在我国学术界的地位日益尊崇,《人间词话》更受到读者的珍视。

　　可是,《人间词话》作者不能不为时代所局限,加之唯心主义哲学及美学观点支配着他,使得这本备受欢迎的小书,在提法上、内容上不无值得商榷之处。姑就个人所见略谈一二。

　　一、作者把诗人强分成主观的诗人和客观的诗人,说什么

————————————

①　见陈寅恪《海宁王静安先生遗书·序》。

"客观的诗人,不可不多阅世。阅世愈深,则材料愈丰富、愈变化。《水浒传》《红楼梦》之作者是也。主观之诗人,不必多阅世。阅世愈浅,则性情愈真。李后主是也"。这样立论是错误的。没有生活,就没有文学作品。一切文学,都是社会现实生活在作家头脑中的反映。世界上哪里有什么不阅世的诗人呢?李后主亲身经历了亡国破家的剧痛,是阅世浅吗?

二、作者认为"词人观物,须用诗人之眼,不可用政治家之眼",以为"政治家之眼,域于一人一事;诗人之眼,则通古今而观之"。没有具体的深入的观察、分析,就不会发现事物发生、发展的一般的规律。政治家之眼,正是词人的入手处。

三、作者说:"诗有题而诗亡,词有题而词亡。"这也是不恰当的提法。唐、五代词,多缘题所赋,词调即题目。如《临江仙》则言水仙,《女冠子》则述道情,《河渎神》则言祠庙。《醉公子》则言公子醉也。可是,后来词不断地向前发展了。到了北宋时期,苏轼把词的题材尽量扩大,甚至做到无意不可入,无事不可言。于是自然而然地产生了词题。其后,更进而出现了长达数十言、数百言的词序。词有题目和小序,乃是词的黄金时代必然不可避免的产物①。宋人词集中,题与序之多,无过于苏轼、辛弃疾(其次为姜夔),苏辛词既为王氏所称许,为什么说"词有题而词亡"呢?当然,像《花庵》《草堂》那样硬要每调立题,有失古人托兴之旨,确属无聊。

四、对某些词家的评价,前后矛盾。如对周邦彦的评论,初

———————————

① 见拙著《词题及序》。

谓"美成深远之致不及欧秦……创调之才多,创意之才少",又谓"词之雅郑,在神不在貌。永叔、少游虽作艳语,终有品格;方之美成,便有淑女与倡伎之别"。但《人间词·甲稿》序言中却说"于北宋喜永叔、子瞻、少游、美成"。在《清真先生遗事》中甚至认为"词中老杜,非先生不可"。

此外,如说李后主、冯正中词不收入《花间集》,乃词派不同之故,未免疏于考证①,近人早经指出;王氏又谓谢灵运之诗不隔,这也近于以偏概全。

以上这些,都是次要的。《人间词话》最大的贡献在于意境说;而最显著的错误,也出在意境说。为什么这样讲呢?诚如王氏所说,好的文学作品,必有意境。然而,有的文学作品,虽有意境,却不能说它是好作品。就拿为王国维所极力称赞的五代、北宋词为例:他认为"五代、北宋之词所以独绝者在此",五代、北宋词却不能说篇篇是好作品。相反地,思想境界高的犹如凤毛麟角。因此,我们认为把意境作为衡量文学作品的准尺,把意境作为"文学之本",是不合适的。真正的好作品,总是思想性与艺术性达到高度统一的作品。王国维避而不谈作品的思想境界,一味着眼于意境,用意境概括一切,如说:"元剧最佳之处,不在其思想结构,而在其文章。其文章之妙,亦一言以蔽之,曰:有意境而已矣。"这不正是崇奉叔本华美学观点的暴露吗?

---

① 《花间集》为我国早期的一部词集选本,据欧阳炯所撰序言,成书于后蜀广政三年,即公元九四〇年。李煜出生于公元九三七年,即南唐建国的一年。冯正中年龄较大,但活动在江南,其作品传布蜀中的可能性不大,非《花间集》编者有意排斥。近人龙沐勋曾有此说。

不过,总的说来,《人间词话》出现在当时的文坛,是不可多得的创新之作。直到今天,它仍具有一定的启发意义。

最后,我们要谈谈为什么王国维自认为成功的《人间词》,除极少数几个人称赏外,并没有受到普遍的重视;而《人间词话》虽存在着缺点及不足之处,却从问世以来,直到如今,始终受欢迎,甚至流传海外,产生不可估量的影响呢? 这,使我联想到鲁迅在《趋时和复古》中所说的一段话:

> 广东举人多得很,为什么康有为独独那么有名呢? 因为他是公车上书的头儿,戊戌政变的主角,趋时;留英学生也不希罕,严复的姓名还没有消失,就在他生前认真的译过几部鬼子书,趋时;清末治朴学的不止章太炎先生一个人,而他的声名远在孙诒让之上者,其实是为了他提倡种族革命,趋时,而且造反。

鲁迅在这里所说的"趋时",绝不是赶时髦,投世俗之所好;而是抛弃旧的、传统的一套,走向新的航道,把希望寄托于开拓未来。趋时者,站在时代的前面,自信所作所为,在一定范围内对历史起促进作用也。在鲁迅所提到的康有为、严复、章太炎之外,我们还可以添进一列长长的姓名,比如在《民报》上发表三民主义的孙中山,撰写《马氏文通》的马建忠,创作新小说的鲁迅……只因为这些人所做的事,是前人没有做过,对社会、对人类将带来好处,所以他们的名字长远留在人们的记忆里。《人间词话》是最早用西方新思想、新观点来评述我国词曲的一本书,它之出现于清末民初,是文学领域里的新的花朵,富有创新意义。而《人间词》力追五代北宋之词,复古的倾向非常明显。既然五代北宋之词俱在,谁又会满腔热情地去读《人间词》呢!

通过对《人间词》及《人间词话》的考察、分析,无疑更加深了我们这样的认识:无论是从事文学或其他事业,必须站在时代前面,努力创新。

第七章　京都四年

一、再次东渡前夕

一九〇六年，清政府新成立学部。罗振玉经端方推荐到学部办事。不久，正式任参事官。作为罗振玉的影子的王国维，也相随到了北京，从一九〇七年起，在学部总务司行走。后学部奏设京师图书馆，遂充图书馆编译。早一年，他回海宁治继母丧事。毕，并在家乡续弦。随后就携继室潘夫人来京师，寓宣武门内新帘子胡同。

定居北京后，王国维的兴趣，已转到戏曲方面。这，大概与接触许许多多关于戏曲的资料分不开。

北京的读书环境，胜过南方。不但图书馆及私人藏书多，而且随时可以到琉璃厂书肆浏览。讲到琉璃厂，真是中外闻名，它在历史上对我国学术文化的发展，做过重要贡献。清代乾隆年间修《四库全书》，琉璃厂书肆成了学者们的公用图书馆。三百多年来国内著名学者，没到过琉璃厂的，实在不多见。嗜书如命的王国维，治事之余，自然时时要逛海王村了。

正是这个时候,经罗振玉介绍,他结识了元史专家柯绍忞、版本目录学专家缪荃孙。

正当王国维在北京城埋头钻进故纸堆中的时候,中国旧民主主义革命达到高潮。武昌起义一声巨雷,震撼了清朝政府。接着,各省纷纷响应,宣告独立。清王室统治集团不得不起用大野心家袁世凯。有的人以为只要袁世凯出山,大局就会转危为安。可是,也有人更加惶恐,更加忧愁。罗振玉就是属于后者之一。他正在失悔没有听从汪康年的建议,避居到天津,偏偏这时接到汪康年在津去世的讣闻。真是走投无路啊!忽然有一个旅游北京的日本和尚,奉本愿寺大住持大谷光瑞之命,请罗振玉移居日本,并且说,一切都替他做好了安排。大谷光瑞是一个颇不简单的和尚,一九〇二年至一九〇四年间,他曾偕其弟子橘瑞超多次到我国塔里木盆地以及吐鲁番、敦煌等地探险,获得许多佛教经典和其他文物,并将其中的一部分印成《二乐丛书》,还著有《西域考古图谱》。一九一一年十月,以吉川小一郎为首的探险队,就是大谷光瑞派遣来华的,橘瑞超也在其中。这次代表大谷光瑞邀请罗振玉赴日本,罗振玉在《集蓼编》中所说的“某僧”,很可能就是橘瑞超。大谷光瑞邀罗东渡“避乱”的用意,显然是因为罗振玉拥有大批珍贵文物。其实,罗振玉和藤田丰八早有此想。半年前罗振玉把多年来搜集的名人书画近百轴送往日本,在京都举行展览,并且同意出售。因此,他的日本朋友京都大学教授内藤虎次郎、狩野直喜、富冈谦藏等都来信催他早日启程。罗振玉和藤田丰八计议结果:由藤田先回日本,布置一切。罗振玉所有书籍、文物、家什,交本愿寺和尚代运。然后罗振玉全家偕同王国维以及刘鹗的第四个儿子、罗振玉的长女婿刘季英一家，男女老幼共二十余口，于十月间离开北京，到达天津，乘温州丸小海船向日本出发。

罗振玉为什么这样害怕革命，非远远地离京出洋不可呢？他晚年所写的《集蓼编》稍微暗示了其中的原委。据说，他在苏州师范，是被江苏省大学阀张謇赶走的。后来在学部，张謇又是全国教育会长，议论常与罗氏相左。而此时作为立宪派大头目的张謇，与袁世凯勾结得很紧。同时，罗认为自己开罪革命党人的事情也不少。更有一桩隐秘，就是他的亲家刘鹗，是遭袁世凯挟仇陷害，被罚往新疆致死的。他在《集蓼编》中指斥袁世凯为元凶。所以辛亥革命一来，他盘算从此政权不归于革命党，必归于袁世凯，两者都对他不利，他便非远走高飞不可了。进退因人、形影不离的王国维遂也随罗东渡日本。

二、献身新学问

王国维在日本，开始是与罗振玉共屋而居。因人多屋小，后来便在附近另佃一屋。地址是离京都大学不远的吉田町田中村白番地。刚到时，罗振玉的书籍就寄存在京都大学，他每天同王国维到大学清理。一年后，罗振玉在净土寺町建立一栋乡村别墅式的新屋，并有藏书房。书房落成那天，他刚好从行箧中找出北魏初年《大云无想经》写本，于是就命名为"大云书库"。库内古籍、碑帖、甲骨、钟鼎彝器、封泥……分类陈列，四壁无虚。简直是一座小型图书馆兼博物馆。

王国维置身在这种环境下，觉得做学问又胜过北京。他的心情,可以从下面几首诗中看得出来。

　　海外雄都领百城,周家洛邑宋西京。龙门伊阙争奇秀,昭德春明有典刑。闾里尚存唐旧俗,桥门仍习汉遗经。故人不乏朝衡在,四海相看竟弟兄。

　　莽莽神州入战图,中原文献问何如。苦思十载窥三馆,且喜扁舟尚五车。烈火幸逃将尽劫,神山况有未焚书。他年第一难忘事,秘阁西头是敝庐。

　　平生邱壑意相关,此日尘劳暂得闲。近市一廛仍远俗,登楼四面许看山。书声只在淙潺里,病骨全苏紫翠间。赁庑佣书吾辈事,北窗聊为一开颜。

　　三山西去阵云稠,虎踞龙争讫未休。邂逅喜来君子国,登临还望帝王州。市朝言论鸡三足,今古兴亡貉一邱。犹有故园松菊在,可能无赋仲宣楼。

　　　　　　　　　——《定居京都奉答铃山豹轩枉赠之作
　　　　　　　　　　　并柬君山湖南君挒诸君子》

　　"登临还望帝王州","犹有故园松菊在",说明寄身三岛,仍在萦念故国故乡。只因"莽莽神州入战图","虎踞龙争讫未休",不得不羁旅异域。当然,他对民国新贵与清朝显要视同一丘之貉。故人朝衡(晁衡)是谁呢?他和罗振玉的日本朋友可不少。除了诗中写到的五人,还有狩野子温、川江国次郎、久野云吉、隅田吉卫、矶野秋渚等。藤田丰八与田冈佐代治就更不用说了。旧雨新知，时常晤聚，讨论学问，的确是乐事。

日本有很多汉学家，汉学修养深，对中国学术文化极为倾慕。远在光绪初年黄遵宪随何日璋出使日本的时候，就有源辉声、石川英、龟谷省轩这般学者名流，与黄遵宪订交。或拿文集请黄作序，或以诗文相赠答。由于黄氏不通日语，见面时就用笔谈。王国维通晓日语，交谈很方便。因此交往更多。

罗、王、刘三家二十多口人靠什么生活呢？王、刘自然依仗罗振玉，罗振玉的经济来源是出售历代名家字画，甚至古器物及珍本书。这些东西很值钱，所以生活上一时还过得去，而且是比较舒适的。

王国维以数口之家累人，内心确不是滋味。他曾经一度答应替《盛京时报》写稿，原想每月可得稿费数十元，补贴生活，减轻罗振玉的负担。可是《盛京时报》主办人一宫，并不履行按时付清稿费的诺言，故不久便作罢论。

一九一四年罗振玉着手恢复《国学丛刊》，仍请王国维主编，每月支给二百元作为报酬。这样，王国维才心安理得地从事学术研究。

中途放弃哲学、转攻文学的王国维，这时连文学也完全抛开，一心一意搞起"国学"来了。据罗振玉说，这是出于他的劝导。

　　初公治古文辞，自以所学根柢未深，读江子屏《国朝汉学师承记》，欲于此求修学途径。予谓江氏说多偏驳，国朝学术实导源于顾亭林处士。厥后作者辈出，而造诣最精者，为戴氏（震）、程氏（易畴）、钱氏（大昕）、汪氏（中）、段氏（玉裁）及高邮二王，因以诸家书赠之。公虽加浏览，然方治东西洋学术，未遑专力于此。……公居海东，既尽弃所学，乃寝馈于往岁予所赠诸家之书。①

罗振玉遭逢世变，做官既已绝望，打算全力以赴献身于学术之时，出于一种强烈的事业心，迫切要求与王国维进一步合作，希望王国维从文学方面转变过来，这是完全可以理解的。就王国维来说，栖身海外，依人为活，是生活上的大转折；在生活上大转折的同时，又要在治学上再来一次舍旧从新，他是怎样考虑这个严重问题的呢？这，还得从他早几年放弃哲学研究说起。王国维放弃哲学研究的真实原因，据他自己说是做哲学家已经无望，做个哲学史家又非所愿。他说：

余疲于哲学有日矣。哲学上之说，大都可爱者不可信，而可信者不可爱。……居今日而欲自立一新系统、自创一新哲学，非愚则狂也。以余之力，加之以学问，以研究哲学史，或可操成功之券；然为哲学家不能，为哲学史家则又不愿，此亦疲于哲学之一原因也。②

他指出某些哲学家，其实不过是哲学史家而已。哲学家与哲学

---

① 见罗振玉《海宁王忠悫公传》。
② 见王国维《自序》。

史家的区别何在？哲学家是"作"，是在理论上有所创造、有所发明；哲学史家是"述"，"但搜集科学之结果，或古人之说而综合之修正之耳"。

中国传统学者大都遵守孔夫子的教条：述而不作，信而好古。王国维却要反其道而行之，立志作而不述，决不甘心做第二流人物。他这种思想，由来已久。如在苏州师范所写的一首诗中，就早已透露过。

文章千古事，亦与时荣枯。并世盛作者，人握灵蛇珠。朝菌媚初日，容色非不映。飘风夕以至，零落委泥途。且复舍之去，周流观石渠。蔽亏东观籍，繁会南郭竽。譬如贰负尸，桎梏南山隅。恒干块犹存，精气荡无余。小子蕾无状，亦复事操觚。自忘宿瘤质，揽镜学施朱。东家与西舍，假得紫罗襦。主者虽不索，踬步终趑趄。且当养毛羽，勿作南溟图。

——偶成

本来，一个有出息的学者，应当走自己开辟的道路，不要步人后尘。作为清代朴学开山的顾炎武不是反复提到创新精神之可贵吗？他批评："有明一代之人，其所著书，无非窃盗而已。"又说："必古人所未及就，后世之所不可无，而后为之。"王国维正是为了作而不述，宁愿与哲学告别，他之转攻文学，亦不过是一种尝试，更主要的是想从文学中得慰藉。因为他清楚自己理性多于情感，能否成为文学家和诗人，值得怀疑。他用西方哲学和美学的观点评论《红楼梦》，论述自唐五代以来兴起的长短句的词,在中国还从来没有人这样做过,也可以说是带有独创性的工作。但严格地说,与其说它含有"作"的意义,毋宁说"述"的成分居多。至于研究戏曲,写作《宋元戏曲考》,他自称是"创获","世之为此学者自余始",然而毕竟是述而不作,是"搜集"古人之说而综合之、修正之。

总之,要在学术领域内从无到有、取得真正堪称创新的成就,是极不容易的事。因为除了主观上必须具备充分的条件外,还需要客观上时机已经成熟。有时后者更为重要。俗话说:世需才,才亦需世。正是这个道理。我们从这个角度来看,真为王国维庆幸。他实在太幸运了!用他的话来说,他千载难逢地碰上了一个"发现的时代"。东渡日本后,他清醒地看到时机已经成熟,"时代"需要他献身于新发现的学问。以后他在清华学校演讲《最近二三十年中中国新发见之学问》时,意味深长地回顾了此时的见解。他说:

> 古来新学问起,大都由于新发见。有孔子壁中书出,而后有汉以来古文家之学;有赵宋古器出,而后有宋以来古器物、古文字之学。惟晋时汲冢竹简出土后即继以永嘉之乱,故其结果不甚著,然同时杜元凯注《左传》、稍后郭璞注《山海经》,已用其说;而《纪年》所记禹、益、伊尹事,至今成为历史上之问题。然则中国纸上之学问赖于地下之学问者,固不自今日始矣。自汉以来,中国学问上之最大发现有三:一为孔子壁中书;二为汲冢书;三则今之殷虚甲骨文字、敦煌塞上及西域各处之汉晋木简、敦煌千佛洞之六朝及唐人

写本书卷、内阁大库之元明以来书籍档册。此四者之一，已
足当孔壁、汲冢所出。而各地零星发见之金石书籍于学术
有大关系者尚不与焉。故今日之时代可谓之发见时代，自
来未有能比者也。

王国维所讲的最近二三十年发现的新学问中，以安阳小屯
发现的殷墟甲骨文字、敦煌及罗布淖尔等地发现的汉晋木简、莫
高窟发现的六朝及唐人写本最为重要。这些极其珍贵的文化学
术资料的出现，先后相距不过十余年。每一种资料问世，都曾经
震动世界。卒致成为当代"甲骨学""敦煌学"研究对象。同时，
从出现之日起，就向学术界提出挑战。使人感到不安的是：甲骨
出土后，不断向国外流散，木简和莫高窟写本，国内学者连见一
面的机会都不容易。这些珍贵资料先后流入法国、英国、日本、
加拿大和美国，国外汉学家无不以无比的兴趣研究这引人入胜
的新学科。而作为中国学者对此长期却"未豫流"①，这岂不辜
负了历史上从所未有的"发见时代"吗？大云书库中陈列的甲
骨、木简、唐人写本、封泥种种拓墨和实物，一齐向王国维招手。
这时，他才发现原来自己是伟大的"发见时代"不可缺少的人。
他恨不得毕生心血倾注到新学问中去。他禁不住想起了从前反
复多次的话：

---

① 陈寅恪《敦煌劫余录·序》云："一时代之学术，必有其新材料与新问
题，取用此材料以研求问题，则为此时代学术之新潮流。治学之士，得
预此潮流者，谓之豫流。其未得预者，谓之未豫流。此古今学术史之
通义，非彼闭门造车之徒所能同喻者也。"

古今之成大事业、大学问者,必经过三种之境界。"昨夜西风凋碧树,独上高楼,望尽天涯路。"此第一境也。"衣带渐宽终不悔,为伊消得人憔悴。"此第二境也。"众里寻他千百度,蓦然回首,那人却在,灯火阑珊处。"此第三境也。……

当他浮想联翩、步入灯火阑珊、伊人宛在的境界的时候,他知道自己将要付出多么大的代价!

三、先把戏曲研究告一结束

王国维到北京从事戏曲研究已久,来日本后决定献身新学问时,便先把这一工作告一段落。

当我们谈到祖国文学遗产的时候,往往把唐诗、宋词、元曲相提并论,并引以为豪。可是,在五代、北宋时期,士大夫对来自民间的曲子词,却明显地表示鄙视。至于元曲,那就更不用说了。在王国维之前,谁也不把戏曲当作文学看待。王国维在《宋元戏曲考·序》中开头就是这样说的:

凡一代有一代之文学,楚之骚,汉之赋,六代之骈语,唐之诗,宋之词,元之曲,皆所谓一代之文学,而后世莫能继焉者也。独元人之曲,为时既近,托体稍卑,故两朝史志与《四库》集部均不著于录;后世儒硕皆鄙弃不复道。而为此学者大率不学之徒,即有一二学子以余力及此,亦未有能观其会通,窥其奥窔者。遂使一代文献,郁埋沈晦者且数百年,愚甚惑焉。

　　王国维接触戏曲,并有志于戏曲创作,是在三十岁以前、《人间词·甲稿》快要付印之际。但他多方搜集资料,从事戏曲研究,却是到达北京、供职学部以后的事。从一九〇八年起,他先后在《国粹学报》和《国学丛刊》上发表了以下著作:

　　一、《曲录》(1908)

　　二、《戏曲考源》(1909)

　　三、《录鬼簿校注》(1909)

　　四、《优语录》(1909)

　　五、《唐宋大曲考》(1909)

　　六、《录曲余谈》(1910)

　　七、《古剧脚色考》(1911)

　　此外,还有《曲调源流表》未见。

　　从以上这些著作来看,王国维从事戏曲研究工作,是从两个方面着手的:一、搜集前人戏曲作品目录,并调查其作者生平;二、考察戏剧起源及其演变。由于士大夫一向鄙视戏曲,所以文献上留下的记载极少,给工作带来很大的困难。当他的第一种著作《曲录》写成的时候,他多么高兴,又多么感慨系之啊!

　　再次来日本后的第二年,在他主意已经打定,此后要把全部时间和精力献给新发现的文史资料时,于是综合历年所得,像商人年终结账一样,首先完成了《宋元戏曲考》①的写作。

　　《宋元戏曲考》内容分十六个部分,附有《元戏曲家小传》,共七八万字。各部分分题如下:

―――――――――

① 《宋元戏曲考》是王国维原来的题目。商务印书馆出单行本时,方改为《宋元戏曲史》。

一、上古至五代之戏剧

二、宋之滑稽戏

三、宋之小说杂戏

四、宋之乐曲

五、宋官本杂剧段数

六、金院本名目

七、古剧之结构

八、元杂剧之渊源

九、元剧之时地

十、元剧之存亡

十一、元剧之结构

十二、元剧之文章

十三、元院本

十四、南戏之渊源及时代

十五、元南戏之文章

十六、馀论

郭沫若在《历史人物》中，写到他第一次接触王国维的名字，是在一九二一年夏天读到《宋元戏曲考》的时候。他认为这"是有价值的一部好书"，并说："王国维的《宋元戏曲史》和鲁迅的《中国小说史略》，毫无疑问，是中国文艺史研究上的双璧。不仅是拓荒的工作，前无古人；而且是权威的成就，一直领导着百万的后学。"

鲁迅在写给曹靖华的信中，推荐有关中国文学史的读物，其中就有《宋元戏曲考》和《中国小说史略》。不过，他说："这些，都不过可看材料,见解却都是不正确的。"①

诚然,《宋元戏曲考》材料是极为丰富的。大概每一读者读到这本书时,都要感谢作者所付出的辛勤劳动。同时,书中也有不少很宝贵的独到的见解。下面略述此书几个较为突出的优点。

首先,如前所说,作者把戏曲看作代表一个时代的文学。一则说,"若元之文学,则固未有尚于曲者也";再则说,"元剧自文章上言之,优足以当一之文学"。在距今七十年前,对戏曲做出这样高的评价,的确了不起。我们再结合王氏《〈红楼梦〉评论》一文来看,他认为《红楼梦》最可贵的是悲剧中的悲剧,可以与歌德的《浮士德》媲美。他在《宋元戏曲史》中也提到元曲多悲剧,"如《汉宫秋》《梧桐雨》《西蜀梦》《火烧介子推》《张千替杀妻》等,初无所谓先离后合、始困终亨之事也。其最有悲剧之性质者,则如关汉卿之《窦娥冤》、纪君祥之《赵氏孤儿》,剧中虽有恶人交构其间,而其蹈汤赴火者,仍出于其主人翁之意志,即列之于世界大悲剧中,亦无愧色也"。我们知道,王国维是把意境看作文学之本质的,文学作品的有无价值和价值高低,全视作品的意境有无深浅而定。他在《宋元戏曲考》中说:元剧最佳之处,"亦一言以蔽之,曰:有意境而已矣"。

其次,如书中考证董解元《西厢》为诸宫调,并考证何以谓之诸宫调说:

董解元《西厢》,胡元瑞、焦理堂、施北研笔记中,均有

---

① 见《鲁迅书信集》。鲁迅信中《宋元戏曲考》误为《宋元词曲史》。

考订,讫不知为何体。沈德符《野获编》(卷二十五)且妄以为金人院本模范。以余考之,确为诸宫调无疑。……此编之为诸宫调有三证:本书卷一《太平赚》词云:"俺平生情性好疏狂,疏狂的情性难拘束。一回家想么,诗魔多,爱选多情曲。比前贤乐府不中听,在诸宫调里却著数。"此开卷自叙作词缘起,而自云"在诸宫调里",其证一也。元凌云翰《柘轩词》有《定风波》词赋《崔莺莺传》云:"翻残金旧日诸宫调本,才入时人听。"则金人所赋《西厢词》,自为诸宫调,其证二也。此书体例,求之古曲,无一相似。独元王伯成《天宝遗事》,见于《雍熙乐府》《九宫大成》所选者,大致相同。而元钟嗣成《录鬼簿》(卷上)于王伯成条下注云:"有《天宝遗事诸宫调》行于世。"王词既为诸宫调,则董词之为诸宫调无疑,其证三也。其所以名诸宫调者,则由宋人所用大曲传踏,不过一曲,其为同一宫调中甚明;唯此编每宫调中,多或十余曲,少或一二曲,即易他宫调,合若干宫调以咏一事,故谓之诸宫调。

又,书中考证什么叫作院本说:

两宋戏剧,均谓之杂剧,至金而始有院本之名。院本者,《太和正音谱》云:"行院之本也。"初不知行院为何语,后读元刊《张千替杀妻》杂剧云:"你是良人良人宅眷,不是小末小末行院。"则行院者,大抵金元人谓倡伎所居,其所演唱之本,即谓之院本云尔。

此外，书中对剧中脚色以及科白，都有发明。对剧的结构，更有比较。诸如此类，给人以知识和启发之处甚多。特别是在考证南戏之渊源时说：

> 南戏之渊源于宋，殆无可疑。至何时进步至此，则无可考。吾辈所知，但元季既有此种南戏耳。然其渊源所自，或反古于元杂剧。

这里，指出南戏可能早于元杂剧，与后面所说：

> 南戏始于何时，未有定说。明祝允明《猥谈》(《续说郛》卷四十六)云："南戏出于宣和之后，南渡之际，谓之温州杂剧。予见旧牒，其时有赵闳夫榜禁，颇述名目，如《赵贞女蔡二郎》等，亦不甚多。"云云。其言"出于宣和之后"，不知何据。以余所考，则南戏当出于南宋之戏文，与宋杂剧无涉；唯其与温州相关系，则不可诬也。

肯定南戏与温州的关系。这些见地，都很重要。同时，也可以看到作者在进行考订时实事求是的态度，与一般臆测，诸如说什么"传奇源于杂剧"者，迥然不同。

书中还提到通过戏曲可以了解当时的政治和社会情况，又可以作为研究当时语言的材料。这些，不能不说是作者独具的卓识。

《宋元戏曲考》对我国古代一些重要戏曲家的评论,也是比较中肯的。例如:认为关汉卿"当为元人第一"。在王国维之前,似无人做出此评价。

对戏曲的研究和评论,元、明、清三代,虽有许多杰出的学者、专家,各自做出了不同的贡献;但是,无论钟嗣成、徐渭、王骥德、李渔、焦循,都没有进行过科学的、系统的研究,留下像王国维《宋元戏曲考》这样的著作。因此,我们说《宋元戏曲考》是中国戏剧史上的一块里程碑,是丝毫也不过分的。

但是,由于时代的局限,有好些材料,当时还未发现;同时,作者自身历史条件束缚了他,使他只能从文学的艺术形式这个角度去探索戏曲,没有能够从当时社会经济和政治斗争中去寻找戏曲发展的真正原因。元曲之所以在文学史上具有伟大的意义,并不在于"有意境而已矣",更重要的是,它充分反映了时代现实的特点,是现实主义文学的杰构。

《宋元戏曲考》显然存在着不少缺点,甚至可以说作者的写作意图基本未能达到。为什么这样说呢? 书名"宋元戏曲考",最主要的是要考出中国戏曲的来源。但中国戏曲的来源,至今尚无定论。王国维虽提出了自己的看法,谓戏曲起源于北齐歌舞戏,终不过属一家之言。

中国戏曲有两种类型:一种是"传奇",另一种是"杂剧"。"传奇"最初名"戏文",流行于我国南方的民间,所用曲调即南曲;"杂剧"的名称,早在北宋真宗时已出现,但与后来的杂剧不同。杂剧流行于我国北方,所用曲调为北曲。这两种不同类型的戏曲,各有其来源。

《宋元戏曲考》花费了很大的气力所搜集的那些优伶的故

事,其实并非戏剧的起源。而王国维在书中第五部分《宋官本杂剧段数》里,又误认周密《武林旧事》中所著录的官本杂剧段数即后来的杂剧,以为见到二百八十本官本杂剧段数存目,即"可窥见两宋戏曲之大概";殊不知官本杂剧段数,是用大曲、法曲、诸宫调及其他曲调等组成的,杂剧哪里有用〔六幺〕、〔薄媚〕、〔伊州〕等曲调命名的呢?官本杂剧段数中可能有极少一部分是戏曲,绝不会全是杂剧。

晚近学者认为流行于我国南方的戏文,有由印度经海道传入的可能。并举《大唐西域记》所载玄奘到达印度,得睹《秦王破阵乐》的演奏为证。理由是既然《秦王破阵乐》很快传到印度,为什么印度的戏曲不能输送到中国呢?这一派认为印度戏曲的组织结构和"传奇"真是太相像了。这一立说,由于与南戏发源地的温州距离不远的天台山国清寺发现梵文所写的《梭康特拉》(*Sukantala*)古本残卷,而更加引人注意。①

但是,关于这个问题的讨论,终竟还没有做出最后的结论。

四、从《简牍检署考》到《流沙坠简》

鲁迅于一九二二年所写《热风·不懂的音译》中有这样一段话:

中国有一部《流沙坠简》,印了将有十年了。要谈国学,那才可以算一种研究国学的书。开首有一篇长序,是王国维

_____

① 以上关于戏文起源问题,均见郑振铎《插图本中国文学史·戏文的起来》。

先生做的,要谈国学,他才可以算一个研究国学的人物。

这就是说,鲁迅对《流沙坠简》这部书,评价很高。《流沙坠简》是根据法国汉学家沙畹博士所编写的《斯坦因在东土耳其斯坦发现的中国文献》重新考订而成,是由王国维与罗振玉合著的。在《流沙坠简》之前,王国维写过一篇《简牍检署考》。他将《简牍检署考》寄给沙畹,沙畹然后将他即将出版的书稿寄来。在此,我们要粗略地讲述一下什么叫作简牍和简牍出土的种种情形。

在纸未发明前,人类用来书写文字的材料是多种多样的。印度用棕榈树树叶或树枝,巴比伦用泥板,埃及用纸草,罗马用蜡版,小亚细亚用羊皮,我国古代用龟甲、兽骨、青铜器、陶器、玉、石、缣帛等,至今仍有保存下来的。但用这些材料来记录文字,是属于一种特殊用途,并非日常生活中经常使用的。那么,日常生活中用以书写文字的材料是什么呢? 答曰:简牍是也。

简、牍,都是形声字。《说文》:简,牒也。从竹,间声。牍,书版也。简就是剖竹为片,牍就是削木为方版。凡是竹做的简,木做的牍,通称为牒。《左传集解·序》说:"大事书之于策,小事简牍而已。"《尚书正义》也说:"简所容不过一行字,凡为书,一行可尽者,书之于简;数行可尽者,书之于(版)方。方所不容,乃书于策。"所谓策,就是若干支简编在一起。

简牍起于何时,已不可考。《诗》有"畏此简书",《左传》有"执简而往"。可见由来已久。甲骨文中,屡次出现卌字,与《周书·多士》所记"惟殷先人,有册有典"相应。更说明在把文字锲刻在龟甲兽骨上的同时,就有了简牍。王国维的《简牍检署考》写于一九一二年,凡四易稿。是从古籍上钩稽有关简牍的文字,对简牍的形制做的概括性论述。由于作者其时并未见到简牍实物,文章内容无甚价值。甚至有些推论,还是错误的。例如他说:"上古简策书体,自用篆书;至汉晋以降,策命之书,亦无不用篆者。"又说:"至简策之文以刀书或以笔书,殆不可考。"拿我们今天所见到的战国和汉晋时期简策对照一下,就知道事实并非如此。战国的楚简(包括同时代的《侯马盟书》在内)是蝌蚪文,汉晋以降的木简(包括同时代的马王堆汉墓帛书在内)都是带篆意的隶书或带篆意的分书。至于这些文字,皆用笔蘸墨写成,既不是什么"漆书",更非"刀书"。

我国历史上曾经多次发现竹简书。最著名的有两次:第一次发现为公元前一百三十多年。《汉书·艺文志》:"武帝末①,鲁共王坏孔子宅,欲以广其宫,而得《古文尚书》及《礼记》《论语》《孝经》凡数十篇,皆古字也。"这是秦始皇三十四年(公元前二一三年)下令焚书时,孔子的后人孔惠②藏进墙壁中的古籍。后世就称它为"壁中书"。从藏进墙壁到偶然发现,不到百年,当时却不认识书上的字了。因为这短短数十年之内,中国社会经历了天翻地覆的变化。人们把壁中书上的字,叫作"古文"。

---

① 鲁恭王名余,景帝子。景帝前二年受封淮阳王,三年徙鲁。在鲁二十五年,卒于武帝元光六年。故"武帝末"乃武帝初之误。
② 唐陆德明《经典释文》认为孔惠即《史记·孔子世家》中之孔忠,因忠惠二字形近而讹。

又因为这些字头粗尾细,样子像蝌蚪,也有称其为"蝌蚪文"的。① 第二次发现在公元二八一年,即晋太康二年。② 河南汲县人不准盗掘魏安釐王墓③得竹简书数十车,后经束皙等整理,辑成十五种,称之为"汲冢书"。现在所能见到的仅《穆天子传》,亦多为后人篡改。

近代发现简牍最著名的一次,是一九〇八年,即清光绪三十四年,斯坦因由新疆赴甘肃途中在敦煌境内获得大量木简的一次。

斯坦因为匈牙利人,受英国政府雇佣,充当印度西北边地视学。早在一八九七年,匈牙利地质调查所所长洛克奇,就以考察地质为名,到过敦煌。当他发现莫高窟时,叹为世界奇观。一九〇二年,在汉堡召开的国际东方学者会议上,洛克奇做了关于敦煌佛教艺术的报告,引起了全世界学术界的注意。斯坦因受了洛克奇的鼓动,决心来敦煌"探险"。行前,他与英国不列颠博物馆达成协议:由不列颠博物馆提供经费,以搜掠的古物交博物馆陈列为交换条件。斯坦因是个劫掠老手,他在一九〇七年一年之内,五次到敦煌。为他所窃取的莫高窟珍贵文物,不计其数,其价值之大,迄今还无法估计。

---

① 王隐《晋书·束皙传》(按原书已失,据他书引文)云:"科斗文者,周时古文也。其头粗尾细,似科斗之虫,故俗名之焉。"又孔颖达《尚书序疏》:"科斗者,古文也。……形多头粗尾细,状腹团团,似水虫之科斗,故名科斗也。"
② 《晋书·束皙传》定为太康二年。同书《武帝纪》又谓系咸宁五年(早于太康二年三个年头)。《隋书·经籍志》定为太康元年。说法不一。姑以《束皙传》为准。
③ 一说魏襄王墓。

一九〇七年五月,斯坦因带着翻译蒋孝琬由新疆启程,向敦煌出发。进入玉门关后,在疏勒河(敦煌境北的河流)终点,离河床三英里之遥,发现一座碉楼遗址。又发现横过低地的一道城墙。从疏勒河向东,至少有十六英里,没有间断。他断定这是古长城。他在这个城阙墙顶苇秆捆中,发现一块小绢,又得到五彩画绢残片。还有一块小木片,上书"鲁丁氏布一匹"。他又在近碉楼的小屋遗址垃圾堆里,找出许多木简。这些有中国字的木简上,有许多署有年代。翻译告诉他:这些年代是公元一世纪的时候。无疑地,这是中国最早的写本文书了。木简大约有九英寸半长,每一行所写的字常有三十个以上。他又在另一座碉楼附近,得到一大块有字木简。上面有"太始三年"年号。还有一片是"太始元年"。在每一个碉楼里,他都得到遗物。遗物最多的是在一个小驿站内,其中有一片是"孝宣帝地节二年五月十日"。……这些,在斯坦因的《西域考古图记》里,做了详细的记载。①

因为斯坦因在敦煌境内所得的木简最多,且都是汉代的东西,所以称为"敦煌汉简"。其实,斯氏所得,不仅此也。

斯坦因不懂汉文,他把获得的全部木简带回欧洲后,就交给他的友人法国沙畹博士代为考释。

一九一三年冬天,沙畹把他的书稿寄到京都。罗振玉、王国维看后,认为有重加整理考订的必要。因此,两人商量分工合作。关于小学、术数、方技部分,由罗氏担任;屯戍部分则由王国

---

① 以上均见姜亮夫《敦煌——伟大的文化宝库》。

维负责。经过几个月的努力,撰成《流沙坠简》一书。"流沙",系指我国西北沙漠地区,当然,也包括丝绸之路的重镇敦煌在内。《楚辞·招魂》:"西方之害,流沙千里些。"王逸注:"流沙,沙流而行也。言西方之地,厥土不毛。"这些沉没沙漠边陲达一两千年之久的木简,终于又回到人世。书的内容如次:

一、小学、术数、方技书

二、屯戍丛残

三、简牍遗文

王国维写了一篇长序,首先提到木简出土地及其年代。

> ……案古简所出,厥地凡三:一为敦煌迤北之长城;二为罗布淖尔北之古城;其三则和阗东北之尼雅城,及马咱托拉、拔拉滑史德三地也。敦煌所出皆两汉之物;出罗布淖尔北者,其物大抵上自魏末,讫于前凉;其出和阗旁三地者,都不过二十余简,又无年代可考,然其古者犹当为后汉遗物,其近者亦当在隋唐之际也。

接着,就"略考诸地古代之情状"。他说:

> 汉代简牍出于敦煌之北,其地当北纬四十度,自东经九十三度十分至九十五度二十分之间。出土之地,东西绵亘一度有余。斯氏以为汉之长城,其说是也。
>
> 前汉时敦煌郡所置三都尉,皆治其所。都尉之下,又各置候官。

今日酒泉、张掖以北，长城遗址之有无，虽不可知，然以当日之建置言之，固宜如是也。

长城之说既定，玉门关之方位亦可由此决。玉门一关，《汉志》系于敦煌郡龙勒县下。嗣是《续汉书·郡国志》……以至近代官私著述亦皆谓汉之玉门关在今敦煌西北。唯《史记·大宛列传》云……沙畹博士据此以为太初二年前之玉门关尚在敦煌之东。其徙敦煌西北，则为后日之事。其说是也。

至魏晋木简残纸，则出于罗布淖尔涸泽北之古城稍西……俄人希亭……德人喀尔亨利及孔拉第二氏据其所得遗书，定此城为古楼兰之墟。沙畹……亦从其说。余由斯氏所得简牍及日本橘瑞超氏于此所得之西域长史李柏二书，知此地决非古楼兰。……此地当前凉之世实名海头。

……

就这样，他根据木简，参以古籍，把古代西北地理，考证得明明白白。

罗振玉在《流沙坠简序》中概括此书有几个优点：

……乃知遗文所记，裨益甚宏。如玉门之方位，烽燧之次第，西域二道之分歧，魏晋长史之治所，部尉曲侯，数有前后之殊；海头楼兰，地有东西之异，并可补职方之记载，订史事之缺遗。

罗氏所举,都属实在。当书已经定稿、并由王国维手写一半行将付石印时,他读到斯坦因旅行记,才知道沙畹原书每支木简都编号标明出土地,想把它写入考释中,已来不及。只好又写一篇《后序》。并把候官、烽燧次第绘图列表附于书后。由此,可以看出王国维治学的严谨。尔后,过了一年多,又陆续补正三十多处。尤其是当他读到《汉书·功臣侯表》续相如使西域事时,订正了书中《屯戍丛残》禀给类第一简的误释,感到非常愉快。

《观堂集林》中所收《敦煌汉简跋》十四篇,每篇都阐述了一些书本上见不到的问题,是简牍研究中最好的论文。特举一例于次:

本始六年三月癸亥朔丁丑逮辛卯十五日乙酉到官

右简云本始六年。案宣帝本始之号,仅有四年,无六年。本始六年即地节二年。据《太初术》推之,则地节二年三月正得癸亥朔,与此简合。考武帝建元、元光、元朔、元鼎、元封六号,皆六年而改;太初、天汉、大始、征和四号,皆四年而改。昭帝始元、元凤二号,亦六年而改,疑宣帝本始之元,初亦因昭帝之制,六年而改,后更用四年递改之制,遂以地节元年为三年,而追减本始为四年。否则敦煌距京师仅一月程,不应改元二年后尚用本始旧号,而月朔干支又恰与地节二年密合也。是月癸亥朔,则丁丑者月之十五日,辛卯者月之二十九日(是月小尽),乙酉则二十三日。丁丑逮辛卯,盖所定到官之程限。乙酉到官,则在限内矣。

木简研究,从沙畹开始。罗振玉、王国维对沙畹的著作,有所辨正。后来,木简研究者对罗、王之作,又有所辨正。如劳干写过《敦煌汉简校文》,进一步做了考释。

在斯坦因的收获直接刺激下,一九三〇年,我国学术团体,组织了西北科学考察团,在甘肃居延海附近进行发掘,得木简万余,后为瑞典人贝格曼抢走。以致这宗宝贵的文物,陷于与流沙坠简同样的命运。

居延汉简出土后,实物流至海外,但我国学者劳干、马衡,根据照片,进行研究,取得一定的成绩。劳氏的《居延汉简考证》把木简分为文书、簿籍、信札、杂类几个部分。认为全部木简,以西汉末年之物为最多。另外,劳氏还写了许多有价值的论文,如《汉简中的河西经济生活》《从汉简所见之边郡制度》等,都为读者所重视。此外,陈直、张凤、黄文弼、傅振伦,均对汉简研究做出过贡献。新中国成立后简牍出土,盛况空前。最著名的有长沙仰天湖战国楚简,马王堆汉墓竹简,临沂银雀山汉简、武威医简、睡虎地秦简。但为数之多,均不及一九七二年至一九七四年居延所出。今后简牍研究的成绩,一定会后来居上,这是可以断言的。然而王国维筚路蓝缕之功,终不可没。

五、甲文初试身手

《流沙坠简》是一九一四年初出版的。它表明罗振玉、王国维在学术上第一次合作成功。就在同年冬天,罗振玉的《殷虚书契考释》也问世了。这是甲骨文史上一件大事,也可以说是罗振玉、王国维在学术上第二次合作成功。不过,《流沙坠简》成书,以王国维之力居多;《殷虚书契考释》则是由罗振玉执笔,王国维仅提供了一些有益的意见。

过去,国内学术界流行一种传说,认为罗振玉是不学无术之流,凡是用罗振玉名义发表的著作,全出于王国维之手。例如:郭沫若在《历史人物》中就断言:"《殷虚书契考释》一书,实际上是王的著作,而署的却是罗振玉的名字。这本是学界周知的秘密。"直到最近,周君适在《伪满宫廷杂忆》一书中,仍重复这种似是而非的流言:

> 王国维学识渊博,对甲骨文和金石书画都有很深的造诣,生平著作很多。当他在日本从事学术研究的时候,罗振玉也在日本兜揽古董字画生意,与日本军政各界以及社会名流结交甚广。当时两人志同道合,结为至好。王家境贫寒,经常打饥荒,罗随时解囊相助。回国后两人结成儿女亲家。罗振玉入宫任南书房行走,推荐王国维在南书房担任古董书画的鉴定工作。王感恩知己,无以为报,便把自己的著作让给罗振玉,用罗的名义发表。著名的《殷虚书契考释》就是其中之一。此外,还有不少著作,张冠李戴。只有他们两人心里明白。

其实,这是毫无根据的、想当然的说法。《殷虚书契考释》与《流沙坠简》一样,都是王国维手写付石印的,又都有王国维的序言,恐怕这就是误会的由来吧。《考释》确是罗振玉在一九一〇年出版的《殷商贞卜文字考》的基础上进一步钻研写成的。我们如果把两书互勘,不难发现前后递变的痕迹。

《殷商贞卜文字考》全书分四章,以考史、正名开始;《考释》内容为八个部分,都邑第一、帝王第二……仍是从考史、正名写起,两书体例大致相同。后者仅是前者的扩大、补充、修正而已。

我们还可以举出一个具体的例子:吴大澂《说文古籀补》中读《齐子仲姜镈》铭文"僷鑪兄弟"的"鑪"字为鲁,认为即《诗经》中"眉寿保鲁"之鲁。《殷虚书契考释》采用吴说。王国维却认为"鑪"字同鮌,乃古文鱼字。古代鱼吾同音。"僷鑪兄弟"即保吾兄弟。他在《鬼方昆夷猃狁考》及《兮甲盘跋》中就是这样说的。一九一九年他写给罗振玉的信中,又一次提到这个"鑪"字,确系鱼字,假借为吾字。但是,一直到一九二七年罗振玉修订《殷虚书契考释》时,仍然保留吴大澂说。即此一端,足以说明《考释》为罗所著。据罗振玉之子罗福颐说:《考释》手稿尚在考古研究所。[①] 这,更是有力的证明。这两年,国内刊物先后发表罗王之间的书信达数百通,尤足以看出罗振玉是王国维素来所敬佩的学人,罗对甲金文及考古方面,确有独到的见解,非一般搜藏家可比。

提到甲骨文,自然要追溯到一八九九年福山王懿荣价购"龙骨"的事。安阳小屯出土的甲骨,最初,农民把它当作"龙骨",做药用。后又售给中药铺。由于甲骨上契刻文字,引起骨董商注意,进行搜集,运往北京。素以爱好金石文物著称的王懿荣,时任国子监祭酒,不惜重价收进大量"龙骨"。但他还来不及着手研究,帝国主义列强侵略我国的魔爪已伸到北京。八国联军打来后,王懿荣投池殉难。不久,他所收藏的千余片甲骨,尽归刘鹗。

刘鹗,字铁云,丹徒人,寓居淮安。一九○○年八国联军攻陷京师,人民遭到苦难。刘氏乃由上海变服入京,积极筹办赈

---

① 见陈炜湛、曾宪通《论罗振玉和王国维在中国古文字学领域内的地位和影响》。

灾。^① 并趁机多方搜购字画碑帖及鼎彝、善本古籍。一八五九年，英法侵略军攻占大沽口时，敌骑窜入京郊骚扰，焚毁了圆明园。当时北京城内人心惶惶，许多古器物、古文献收藏家纷纷贱价出售一些珍品。人们在厂甸，往往用几两白银，就可买到大批图书。^② 这次，京城社会秩序更乱。厂甸一带，抛售古物书画的也更多。嗜古成癖的刘鹗，留京半岁，因得捆载而归。这时，刘鹗与罗振玉订交已逾十年。刘罗两家在上海住处很近，时时过从。有时为了赏玩一件青铜器或名人手迹，往往流连至夜。经过庚子之乱，罗振玉很可能从刘鹗手里得到部分书画和宋版书。以后，结成儿女亲家。罗振玉晚年，其婿刘大绅犹依恋老丈人，不忍离开。

刘鹗在京勾留一段时期，稍后就买了王懿荣天壤阁所藏的甲骨。此外，他还通过赵执斋、方药雨等人陆续得到大约数千片甲骨。运回沪上后，罗振玉一见惊为奇宝，极力怂恿刘鹗拓印行世。于是，在罗振玉的启示和指导下，在王瑞卿的具体摄制下，一九〇三年秋，第一部甲骨文专著《铁云藏龟》出版了。当时尚未有甲骨一词，刘鹗称它为龟板（十多年后王国维还习惯这种称呼）。而且，也不知道甲骨的真正出土地为安阳小屯村。大家都误信骨董商的谎话，以为这是河南汤阴古牖里城的地下物。虽然刘鹗也初步肯定了这是"三代真古文"，但他对甲骨上契刻的文字，确实不甚了了。

《铁云藏龟》酝酿出版这段日子，王国维在通州师范任教，不可能知道个中详情。即使有机会接触甲骨实物，正醉心于叔

---

① 见蒋逸雪《刘鹗年谱》。
② 叶昌炽《藏书纪事诗》卷六："咸丰庚申，英人焚淀园，京师戒严。持朱提一筹，至厂肆，即可载书兼两。"

本华哲学的王国维，也不会对此感兴趣。因此，他后来追述甲骨发现经过时，把《铁云藏龟》影印传世的年代也记错了。

罗振玉从刘鹗那里得见甲骨之后，一面向骨董商价购，一面千方百计探询甲骨出土地。后来终于知道了真情，并从而考证出安阳为盘庚迁殷的殷代后期首都所在。接着就全力以赴派遣亲人直奔小屯村，向农民收购。大概这时王国维才正视这事。但是，王国维真正从事甲骨文字的研究，是在东渡日本、帮助罗振玉整理甲骨实物及拓墨，为罗振玉撰述《殷虚书契考释》一书做些辅助工作时才开始的。

罗振玉早在一九一〇年，就应林泰辅之请，写成《殷商贞卜文字考》。以"正史家之遗失，考小学之源流，求古代之卜法"为目的，分类阐述。一共认识了二三百个单字，其中包括一些带关键性的字，如贞、王、亡、畄等等。这些字对通读每片卜辞，至关紧要。特别是考释文字的方法，已摸索到某些原则。例如开始注意与古文、籀文相比较，与钟鼎彝器铭文相参照、对证，为后来研究甲骨文字，打下了一定的基础。但毕竟因为甲骨文字本身是一件新事物，正如作者所说"兹事实有三难"，所以《殷商贞卜文字考》仍多缺陷。及至《殷虚书契考释》成书，才取得重大成就。《考释》所识单字已逾五百个，更重要的是"分别部居，创立义例"。书中把卜辞做了分类，哪些是属于卜祭祀的，哪些是属于卜征伐的，哪些是卜风雨、卜出入的……分得清清楚楚，使读者一望即能掌握卜辞的基本内容。罗振玉在序中提到"由许书以溯金文，由金文以窥书契"，更是研究甲骨文字的阶梯。因此，学术界对《考释》评价甚高。有的人认为："自有罗氏此书，甲骨文始稍可读。"①王国维甚至说这是"三百年来小学之一结束"。当然,他未尝不知道其中也有他一分劳绩。不过,王国维对甲骨文字进行独力研究,取得突出的、惊人的成果,却是以后的事。

罗王两家,潜居京都。罗振玉与王国维安下心来,向简牍和甲骨文大力进攻之际,还曾得到日本友人内藤虎次郎的赞助。内藤为著名汉学家,京都大学文科教授。远在刘鹗购进王懿荣所藏甲骨之初,他任职《朝日新闻》主笔、来我国访问时,就经人介绍走访过刘鹗。可见他对甲骨文字是一直关心的。

罗振玉从卜辞中最初发现"王亥",不知为谁何。王国维根据《山海经》《竹书纪年》,定王亥为殷之先公。进而论定其与《世本·作篇》之胲、《帝系篇》之核、《楚辞·天问》之该、《吕氏春秋》之王冰、《史记·殷本纪》及《三代世表》之振、《汉书·古今人表》之垓,实系一人。此说极为罗振玉和内藤所重视。罗氏因而在甲骨文中继续寻找王亥,取得更多收获;内藤且以《王亥》为题,写成论文,在《艺文杂志》发表。② 这也可想见他们之间切磋琢磨,相得益彰。同时,也反映了王国维在甲骨文研究中起手就有了惊人的创获。

六、金文盖过前修

近代史上简牍研究以罗振玉、王国维为最早。甲骨文研究在罗、王之前,虽有孙诒让,但《契文举例》仅仅是揭开了序幕,真正的开台戏,还是罗与王。唯独金文研究,隋唐以前就有古器

① 蒋善国《中国文字之原始及其构造》中语。
② 见《殷卜辞中所见先公先王考》前言。

物出土,也有学者谈及。东汉许慎《说文解字·叙》谓:"郡国亦往往于山川得鼎彝,其铭即前代之古文。"可是直到赵宋时期,金石之学才勃然兴起。著名的金石学家层出不穷,像欧阳修、吕大临、王黼、王俅、薛尚功,赵明诚等都有著作留传至今。王国维说:

> 赵宋以后,古器逾出。秘阁太常,既多藏器,士大夫如刘原父、欧阳永叔辈,亦复搜罗古器,征求墨本;复有杨南仲辈为之考释,古文之学,勃焉中兴。伯时与叔复图而释之。政宣之间,流风益煽,籀史所载,著录金文之书,整三十余家。南渡后诸家之书犹多不与焉,可谓盛矣!

这种盛况,没有继续很久。元明两代,金石之学,一落千丈。入清后情况才逐渐改变。清代中叶起,大有驾凌前人之势。从阮元、王昶、冯云鹏、冯云鹓、祁书龄到吴式芬、吴大澂等,所著录的青铜器大约四倍于宋人。研究金文的专著达数十种。最著名的有阮元的《积古斋钟鼎彝器款识》,吴式芬的《攈古录金文》,吴大澂的《愙斋集古录》《说文古籀补》,孙诒让的《古籀拾遗》。《说文古籀补》取金文可识者三千五百余字,以《说文》部首为纲,汇集而成。取材严,考证谨,卓然自成一家。孙诒让治金文凡四十年,所见彝器达两千种以上。考证也很严谨,创获亦多。但是,拿这些人和罗振玉、王国维相比,却后来居上。就金文著录而言,罗氏所藏过于阮、吴诸家远甚;研究方面,王国维几乎是无敌的。首先,他撰写了《宋代金文著录表》《国朝金文著录表》,把宋、清人所著录的钟鼎彝器铭文进行整理、总结;接着,又撰写了《两周金石文韵读》《两汉金石文韵读》,做进一步的研究。我们从"两表""两韵读"就可以看出王氏所过目,所检校、考订的金石文字之富,非一般可比。正是从这里得知他为学之勤,用力之深。当代金文学家容庚,青年时期就是从友人处借读"两表",抄录后仔细琢磨,然后懂得治金文门径的。容庚说:"按图索骥,不啻得一良导师。"①由此可见,做学问没有坚实过硬的基础,不可能取得巨大成绩。一分耕耘,一分收获,这话一点也不错。王国维不论从事哪一门学问,都下功夫很深。先求得一个个问题搞清楚,再立说。这和建筑工程上打下稳固的地基,然后起亭台楼阁的道理,完全一致。前面讲的,他在写《宋元戏曲考》之前,先写了《曲录》《戏曲考源》《录鬼簿校注》《优语录》《唐宋大曲考》《古剧脚色考》,就是这样做的。对金文研究,也是如此。"两表""两韵读"本身固然是研究,但同时又是为更多更大的研究做准备。可以说前者是后者的基本阶段。从整个金文研究来说,这是整体中的部分工作。罗振玉把这种研究方法叫作分类法。有的学者称之为剥笋法。史学家陈垣比喻它为"谭白菜"②。其实就是分析与归纳的综合运用。王国维在《论新学语之输入》一文中,说西洋人长于这种科学,"无往而不用综括及分析之二法",他接受了西洋人的长处,把它运用到学术研究中,所以他比乾嘉学派更加高明。他在《毛公鼎考释序》中总结了治古文字的几条原则,也可以说是他从金文研究中积累的经验。金针度人,万分宝贵。他说:

　　顾自周初讫今垂三千年,其讫秦汉亦且千年,此千年

① 见容庚《甲骨学概况》。
② 见《陈垣的故事》。大意谓北京有一广东馆子,叫"谭白菜",老板姓谭,以做白菜出名。他做白菜,只用菜心。陈垣认为治学也应如此,即要层层深入,探取最有用的东西。

中,文字之变化脉络不尽可寻,故古器文字有不可尽识者,势也。古代文字假借至多,自周至汉音亦屡变。假借之字不能一一求其本字。故古器文义有不可强通者,亦势也。自来释古器者,欲求无一字之不识,无一义之不通,而穿凿附会之说以生。穿凿附会者非也。

文无古今,未有不文从字顺者。今日通行文字,人人能读之能解之。《诗》《书》彝器亦古之通行文字,今日所以难读者,由今人之知古代不如知现代之深也。

苟考之史事与制度文物,以知其时代之情状;本之《诗》《书》,以求其文之义例,考之古音,以通其义之假借;参之彝器,以验其文字之变化,由此而之彼,即甲以推乙,则于字之不可释、义之不可通者,必间有获焉。然后阙其不可知者,以俟后之君子,则庶乎其近之矣。

充分表现王国维罕见的智慧和敢于突破前人成说的锐气的,还是他用考释或题跋的形式所写出的各种各样的论文,如《说觥》《说彝》《说俎》《说盉》《说斝》,都是定居京都时所写,文章短小精悍,通过某件具体器物,从各个方面进行考证,最后提出独创性的见解。以《说觥》为例:作者在文内列举六条证据,说明清代金石学家阮元命名兕觥的礼器,其实不是觥。过去被学者命名为匜的一种才是觥。又如《说斝》,论证前人认斝为散,诸经中散字都是斝字之讹,应以罗振玉所说为是。盉不是调味器,是调酒器,《说文》解释错了。就这样,考证过去学者所得,加以比较,得出新的结论。比如清代金文学家往往鄙薄宋人。王氏经过反复审核,把宋代考古学家对古器物的命名,与清代学者所作鉴定做了比较,认为宋人"有凿空之功","其识不可及";而清人"颇有可议","阮吴诸家"不能超出宋人范围。但他也不盲从宋人。如《说彝》,全文四百四十一字,论证了彝即敦,纠正了自《博古图》以来"千载之误"。这是多么细心大胆的断案!又如:收在《观堂集林》第一篇的《生霸死霸考》及另一篇《明堂寝庙通考》,是比较长的文章,都是留东所撰。综合研究了无数钟鼎铭文,找出确凿证据,把前人各种错误说法,一概加以推翻。仅有深厚坚实的学力,没有蔑视这门学问权威的勇气,是绝对办不到的。

王国维晚年所写有关金文论著,更臻成熟。有人认为虽起古人于地下,若杨南仲,吴大澂辈,亦不能不倾服。特再举一例:

一九二三年河南郑州出土铜器数百件,皆无铭文,独有一器有七字,文曰:

　　王子晏次之□盧

王国维就凭这可识的六个字,写了三百六十一字的《王子婴次卢跋》。考证这件铜器为春秋时期楚公子子重所遗留下来的。当是鲁成公十六年鄢陵之役,楚军打了败仗丢下的东西。他是怎样进行考证的呢? 既有铭文,就从文字入手。铭文六个字,难认的是"晏次"二字,就从难处入手,他运用古音通假这一条,认为"晏次"即"婴齐"。《说文》贝部:賏,颈饰也。从二贝。又女部:婴,颈饰也。从女。是賏婴一字。男子颈部无饰,故字从女。铭文省賏作贝,从一贝与从二贝无别。又次与齐同声,次即齐。

于是一连引用了许多经典,还有《史记》《战国策》等书,肯定"晏次"即"婴齐"。但春秋同一时期,名婴齐者有好几个人,如何能确指此婴齐为楚公子,而非郑公子呢?是的,郭沫若就不同意王氏所说,认为这是当时郑公子婴齐遗物。究竟是楚器还是郑器呢?王氏举二事为证,证明乃楚器:一、唯楚婴齐得称王子(徐楚称王,郑为伯,郑国但称公子)。二、此器与同时出土的其他铜器不类。最近,考古学者从铜器的形制进行分析,认为器上细线、方格、细乳纹,具有很明显的南方铜器的特征,同时铭文字体亦属楚风。结论是从王说为是。① 足见王国维对此器所做的考证,是经得起检验的。

最有意思的是《说觥》一文,作者自谓其说至当不易,而又说:"此说虽定于余,亦自宋人发之。"同样,《说彝》文内也称:"此说亦非余始发之。"为什么在文学上,尤其是对创作长短句的歌词自视甚高,一再自诩北宋以下仅有一二人可与伦比的王国维,在考证古器物铭文时,却变得如此虚心?明明取得了重大成果也不以功自居呢?固然,科学上断然容不得半点虚夸,必须尊重客观事实;而文学上是允许各抒己见的。但我认为更重要的是:王国维由"深邃的哲学"转向"伟大的文学",进而从事"绵密的科学"之后,步子更踏实更坚定了。从他的言论中处处体现朴学家实事求是的精神。

居留京都四年,献身于不久前发现的几门新学问,几乎是交叉进行的。分不出孰先孰后。木简、甲文之外,又有泥封。

---

① 《北京大学学报》一九七九年第一期《周代用鼎制度研究》。

泥封,或称封泥。它与竹简木牍同时存在。即王国维在《简牍检署考》中所谓"检署"。古人以简若干支编组成策,用绳捆扎。在结绳处用泥封锢,泥上加盖印章,以防私拆。《淮南子·齐俗篇》:"若玺之抑埴,正与之正,倾与之倾。"以玺抑埴,即用印加盖在封泥上。后来发明了造纸,书写文字不用简牍了。人们遂不知封泥为一回什么事。清道光二年(一八二二),四川省最早发现封泥,后来陕西、山东陆续也有发现。最先著录封泥的为金石学家南海吴荣光,见其《筠清馆金石录》。但为数仅有六枚,且误认为印范。稍后,诸城刘喜海在《长安获古编》中亦收载二十品。光绪末年,吴式芬、陈介祺合著《封泥考略》十卷,是研究封泥的第一部专著。与吴陈二家著书的同时,刘鹗也撰有《铁云泥封》。

封泥研究,主要是从官私印章上考见古代的官制。例如:马王堆一号汉墓出土竹笥,均用绳缠缚,并在结扎处用封泥封起来,上面加盖印章,印文多为"轪侯家丞"四字。人们从"轪侯"二字得知墓主为西汉初年长沙王相利仓或其后人的家属。因为《史记》《汉书》均载有"轪侯"。这是用史书来考证出土物,是一个方面;另一个方面,有些封泥上的官名为史书上所不见的,那就可以用出土物来补证史书所不足。因为官印与地域分不开,所以封泥又有考证地理的作用。此外,也有利于古文字研究,甚至还是美术史的第一手材料。

罗振玉收藏封泥甚多,王国维为他整理、选择《封泥考略》所不见的,共四百余种,编为《齐鲁封泥集存》一书。并写了前后两序。序中分别从官制、地理上论证封泥确是"为用至大",

"足以存一代之故，发千载之覆，决聚讼之疑，正沿袭之误"。考证甚繁。因原文较长，就不转录了。

七、敦煌写本题跋

从王国维的著作年月来看，他在居留日本第二三年这个时期，致力于研究敦煌莫高窟发现的唐人写本。也就是他所说的"新发现的学问"中的第三项。

敦煌莫高窟唐人写本，是"敦煌学"的组成部分。地处甘肃西陲的敦煌，是丝绸之路的重镇。两千多年前，敦煌为著名的国际都市。距敦煌县城四十余里的鸣沙山下，有从南至北绵延约三里路长的莫高窟。又名千佛洞。今天，人人皆知这里是举世无双的艺术宝库。所谓"敦煌学"就是以研究莫高窟文物为主的一门学问。这门学问的内容相当庞大、繁复。国内外研究者与日俱增。多年来已渐渐成为热门学科。我们将它分为敦煌艺术与敦煌藏书两大部分。敦煌艺术包括彩塑、壁画、绢画以及石窟本身的木建筑等，无一样不光彩夺目，绚丽无比。敦煌藏书包括大量的佛教、道教、摩尼教、景教等宗教经典以及儒家著作和文学作品。此外，还有其他文书，如公文、契约、户籍、账簿等等。从文字上看，藏书除汉文外，尚有梵文、藏文、突厥文、康居文、于阗文、龟兹文……可以想见它涉及的范围多么广阔，更可以想见它的史料价值多么重大。

敦煌境内发现的木简，也列入"敦煌学"内。

大约在公元十一世纪初年，党项族西夏国王赵元昊，带兵进攻敦煌，迫使居住在莫高窟的众多僧人，不得不逃避他乡。临走

105

时,他们把所有经卷、佛像和各种各样的文书藏入石窟洞内。然后将洞口封锁。封口处砌墙堵住,墙上再加粉刷,作画,使人无从察觉①。这些离开莫高窟出奔外地的僧人以后再也没有回来。以致宝物埋藏达八百余年,直到一九○○年才偶然被发现。

石室打开后不久,最珍贵的文物,就先后为英、法、日、美、德、俄②各国的掠夺者斯坦因、伯希和、吉川小一郎、华尔纳、勒考克之流一批又一批地劫走。其中以斯坦因、伯希和劫掠为最多。

敦煌石室写本藏书,为数至少在两万卷以上。③ 有许多是久已失传的古代著作。写本的年代,最早的是北魏太安四年(四五八),最迟的是赵宋至道元年(九九五)。亦即公元五世纪中叶至十世纪末。写本的形式,大都是卷子。少数为蝴蝶装小册。此外,还有百分之一二印刷本。例如:有唐咸通九年(八六八)所刻的《金刚般若波罗蜜经》,是迄今世界上最早的木刻书。

总之,无论从什么角度来看,敦煌文物的历史价值都是十分惊人的。近八十年中,中外学者不断进行整理研究。但绝大部分材料没有得到充分运用。堆存圣彼得堡的大量卷轴,简直还不知道是什么珍品。所以目前尚无法估计敦煌的宝物究竟宝贵到何等程度。

------

① 关于敦煌石室封闭的时间,斯坦因引伯希和说:在十一世纪初。陈垣认为约在皇祐以后。姜亮夫定为公元九九五年或稍后。斯坦因说最早出,姑从之。

② 圣彼得堡东方研究学院藏有敦煌卷子逾万卷。潘重规曾亲眼见到。过去从来无人提及敦煌文物流入俄国。王重民等编纂《敦煌遗书总目索引》时,苏联方面忽然透露此事。

③ 敦煌卷轴究竟有多少? 罗振玉说:"石室卷轴入欧者,约计先后不下二万轴。我学部所得五六千轴。日本橘瑞超所得四百余轴。吉川小一郎携归百余轴。"

　　王国维第一次得见敦煌文物,是在一九○七年。伯希和从敦煌满载而归,准备回国途中,路过北京。王国维偕罗振玉、蒋黼、董康一行前往参观。其时所见非常有限,因为伯希和早已把赃物邮寄,随身携带的不过极少几件。东渡日本后,才见到较多。日本汉学家狩野喜直在一九一二年曾经专程旅游欧洲。行前,王国维为他赋诗送行。狩野在伦敦博物馆把所藏敦煌唐人写本过录后回到京都,王氏一一得见,眼界为之大开。《观堂集林》中为唐写本所作题跋,大都写明"此狩野博士所录",就是这个缘故。

　　一九一九年,王氏读到伯希和八年前的演说,觉得这是一篇带总结性的东方学术报告。因此,把它译成中文,送《东方杂志》发表。今《遗书》中尚保留这篇译稿,标题为《近日东方古言语学及史学上之发明与其结论》。王氏还在《东方杂志》发表了《敦煌发见唐朝通俗诗及通俗小说》一文。

　　罗振玉和王国维是最先关心敦煌文物的,也是"敦煌学"早期的探讨者、研究者。王国维由于以从狩野处得见唐人写本为多,所以他对"敦煌学"的研究工作便侧重在唐人写本。打开《观堂集林》一看,为唐人写本所作的跋,几乎占了一卷。就写本内容而言,有《职官书》,有《食疗本草》,有《灵棋经》,有《太公家教》,有《兔园册府》,有《老子化胡经》,乃至敦煌县户籍等等,包罗甚广。

　　我们如果留心考察一下,不难发现,中外学者,至少是早期的敦煌文物研究者,对"敦煌学"的研究,往往偏重经典部分。如一九二四年,曾经有人倡议设立"敦煌经籍辑存会"。陈垣所编订的《敦煌劫余录》及姜亮夫的《敦煌经籍校录》,无疑都是以经籍为主。关于敦煌文学,尤其是通俗文学,和其他方面近于鄙俗的残书,首先给予重视的是王国维。其实,这一部分才是研究当时社会经济与人民生活的最好资料。经籍固有学术上的重大价值,而直接来自民间的通俗读物等等,更有显而易见的特殊意义。王国维目光所注,确有些与众不同。①

现在我们就来看看王国维为唐人写本所作的跋吧。

他见到唐《职官书》写本残存的二十八行,就肯定其为唐写本,而非隋制。又见其与《六典》、新旧《唐书》不同,进而定为唐武德时物。考证不多,但说得有凭有据,是可信的。

《太公家教》一书,史志及宋人书目都未载。唯李翱(习之)写给友人朱载言的信中,有"俗传太公家教"一语,王氏认为唐时就有此书。历来谓此书是乡村私塾流传通俗读物,他以为是可信的。至今有些谚语,尚可从《太公家教》中见到。如果不亲见唐人写本,很可能会怀疑它是后世所伪托呢。

又如《兔园册府》,也是民间流传的通俗小册。盛行于五代,宋以后就不存在了。又从册中"治"字尚未缺笔,知系唐高宗永徽元年以前物。写本写于成书不久,格外可贵。

他的跋语,着墨不多,却能发现问题,解决问题,说出别人未曾提到的一些意见。

关于敦煌曲子词,最早研究的也是王国维。他当时所见,不过《云谣集杂曲子》等少量的作品。但已看到"唐人词律之宽",同时又发现〔天仙子〕早就是双调。最难得的是,他评论来自民间的〔天仙子〕"堪与飞卿、端已抗行"。

敦煌发现的《秦妇吟》写本,是著名词家韦庄所作长篇叙事

---

① 王国维写给缪荃孙的信中,谈到日本人对《流沙坠简》的议论时说:"东人不知,乃惜其中少古书。岂知纪史籍所不纪之事,更比古书为可贵乎!"

诗,达一千六百余字,为古代诗歌所罕见。《全唐诗》失收。诗中把黄巢起义那个时期的社会情况,相当逼真地反映出来。虽然作者是站在统治阶级立场,但由于创作方法是现实主义的,客观上充分暴露了统治阶级的腐朽、无能;描写起义军声势浩大,把封建统治者打得落花流水。王国维最初根据《秦妇吟》中"内库烧为锦绣灰,天街踏尽公卿骨"一联,与孙光宪《北梦琐言》所记相对证,定为韦庄所作,并且还考证为韦庄客游江南时献给镇海节度使周宝的诗。后来见到"张龟写本"①,证实确系韦庄作品。但最近谈及《秦妇吟》的著作中,对此避而不提,未免有失公允。

王国维在敦煌写本中,见到大历四年敦煌县户籍及雍熙二年、至道元年户籍残卷。大历是唐代宗年号,雍熙及至道,已进入北宋初期。首先,他从大历户籍考查唐代田制。据唐《六典》:三年一造户籍。户籍上先载户主,户主皆以家长充当。大历户籍载明:户主索思礼,六十五岁,老男。为什么须注明"老男"呢?因为当时是根据年龄授田。唐制二十一岁成丁,后又加至二十三岁、二十五岁。丁男一口给田一顷。老病残废四十亩。寡妻妾三十亩,户主比丁男减半。户籍上或称"小男",或称"废疾",或称"小女""中女",就是这个意思。户籍不但反映了授田制度,更反映了封建统治阶级剥削压迫人民的真实情况。在封建统治下,"官"与"民"处处都存在严格界限,有不同的待遇。以授田言,授田多少,除依年龄外,还与当官、授勋与否有密切关系。例如:索思礼为"老男",兼户主,合受田五十亩,但他家应受田为六十一顷五十三亩。就因为他父子皆为上柱国,照

① 《秦妇吟》一诗,在敦煌藏书中,共有九个写本。其中张龟写于天复五年的一本,标明"右补阙韦庄撰"。

规定上柱国田三十顷。何谓上柱国？战争年代，身为武官，杀敌立功，国家赏与勋位，一般是柱国，功勋大的为上柱国。其实皆空衔。上柱国授田三十顷，也往往有名无实。不过一户之内，有得勋位和当官的人，总是得到格外照顾的。索思礼的儿子是四品官，他家自然得到优待。"官"与"民"在课税上更有区别。户籍分"课户"与"不课户"两种。普通老百姓属于课户，凡九品以上官都是不课户。宋代户籍仅有姓名，而无年岁。至道元年户籍，只书户主姓名而已。这又是为什么呢？因为宋代已经改变了制度，实行就田课税，不是就丁课税。宋代授田也无定制。大致是根据实际耕作能力而定。唐代授田时，还有宅园田三亩，田又分"永业"与"口分"，奴与婢皆不授田。如此种种，在王国维为敦煌县户籍而写的跋中，都一一写了出来。

王国维对唐人写本进行研究，虽为数不太多，但已经做出了相当贡献，为敦煌学这门新学科开辟了门径。唐人写本也给他带来好处，使他在学术上增长了知识。例如：他从敦煌石室宝藏中，得见隋陆法言《切韵》残本，又见唐长孙讷言笺注的《切韵》残本，这都是宋以后学者所未见的。毫无疑问，它使王国维的学术研究工作，特别是在音韵训诂这一行上，达到旁人难以企及的高度。①

---

① 见戴家祥《甲骨文字学的发展与王静安先生的方法论》。

第八章　归国及《魏石经考》

一九一六年元月二日，出国整整四年的王国维，离开了日本，航程五日，回到上海。其实，一年之前，王国维全家曾经回国一次，还打算与罗振玉一道到甲骨出土地河南安阳一行；后来据说因眼病的缘故，仅仅勾留个把月，把家眷送回海宁，又匆匆东渡了。这次回国是经过事先计划的行动。因为在京都四年，吃够了生活之苦，不得不回国寻出路。恰好上年冬天同乡邹安有信给他，相约为犹太富商哈同编辑《学术杂志》。所以就毅然启程西归。

犹太人欧司爱·哈同，一八四七年出生于巴格达。一八七四年由印度来到上海。最初为英国籍侨商沙逊看门，后以贩运鸦片起家，取得了英国国籍，担任上海英租界董事。遂用各种非法手段窃取的特权，经营地产，一跃而为百万富翁。其妻罗迦陵，原为法国轮船上水手罗路易之女，自幼靠佣工糊口。一八八六年与哈同结婚，修建爱俪园，先后延雇黄宗仰、姬觉弥充当管家，在上海滩上干了许多沽名钓誉的鬼把戏，诸如用木料筑马路、刊印佛经、创办学校、发行学术刊物、与大官僚拜把、为跟班捐官……极尽附庸风雅、广通声势之能事。哈同花园有一所仓圣明智大学,很特殊,校园中供奉仓颉、史籀、程邈、许慎、蔡邕的画像,学生要学乡射、投壶等古礼。[①] 姬觉弥为了投罗迦陵之所好,装扮成虔诚的佛教信徒,连姓名也改了。凡是哈同夫妇兴办的各种事业,都有他一份。出版《学术杂志》,就是这位伪佛菩萨出的主意。

《周金文存》编者邹安,字景叔,与罗振玉、蒋斧向来熟识,是王国维同乡好友。在上海滩上有点小名气。姬觉弥邀请他办与丛书相仿佛的学术刊物,他提议要王国维合作,于是王国维承担了《学术》编辑,《艺术》则由邹自任。此后,罗振玉、王国维的著述,多在这两种丛刊上发表。

王国维又像在京都一样,继续埋头于学术研究之中。所不同的是:在京都,有大云书库的丰富资料供他使用,上海却没有这种方便条件。而且还有其他干扰呢。

王国维先住在樊少泉家,不久迁居大通路吴兴里。

罗振玉的老弟罗振常,这时在上海开设蟫隐书店,兼售古玩字画。王国维经常到蟫隐走走。有一次他在蟫隐偶然发现孙诒让的《契文举例》手稿,很高兴。便通过罗振常从刘彝仲手里以五元买来。过几天便寄给罗振玉。

孙诒让字仲容,瑞安人。同治举人。多次参加京考不第,乃专门从事著述。学术界对他的《周礼正义》《墨子间诂》《古籀拾遗》等书,极有好评。《契文举例》是第一部甲骨文考释专著,根据《铁云藏龟》写成于一九〇四年。全书十章,近百页,篇目如次:

　　　月日第一　贞卜第二　卜事第三　鬼神第四

---

① 见《哈同外传》及《上海的故事》。

卜人第五　官氏第六　方国第七　典礼第八

文字第九　杂例第十

从篇目上看,在《铁云藏龟》出版的第二年,就能就甲骨文字内容进行分类,是极属难能可贵的。王国维对此书评价不高,却也承认"其为此学开山"。

一九一六年冬,罗迦陵买到刘鹗所藏甲骨千片。通过姬觉弥请王国维代其整理出版。王从中选拓了六百五十五片,编结成《戬寿堂所藏殷虚文字》一书。先列入《艺术丛编》内,后单独发行。此书与稍后的《重辑仓颉篇》,均题作姬佛陀编。郭沫若说:"《戬寿堂所藏殷虚文字》和《重辑仓颉篇》等书都本是王所编次的,而书上却署的是姬觉弥的名字。这也和鲁迅辑成《会稽郡故书杂集》,而用周作人名字印行的相仿佛。"从表面上看,事情果然相仿佛,但仔细分析,实属不然。鲁迅之于周作人出于手足之情,而且《会稽郡故书杂集》之类的书,周作人并非不能辑成。姬觉弥乃市侩之尤者,为了沽名,竟仗骚女人之势,委屈老实人王国维。这分明是两码事,怎能相提并论呢?

据说,王国维后来又兼任了仓圣明智大学教授。许多书上都相沿如此说。罗继祖认为并无其事。[①]

在旁人看来,王国维栖身哈同门下,即使精神上并不那么舒畅,生活方面总可无忧了吧。事实上也不尽然。赁居吴兴里三百九十二号的王家,仍然过的是并不宽裕的日子。与每月才花七十元的京都生活相差无几。不妨看看他家的住房吧。

逼仄复逼仄,海堧受一塵。庭除确无土,井谷深无天。

---

① 据友人见告:一九六六年十二月台湾出版之《传记文学》载有蒋君章《仓圣明智大学的回忆》一文,讲述王国维在该校任教情况。

抵顶眠群儿，积薪庋陈编。敧枕何所见？皑皑白盛鲜。登楼何所见？蠹蠹万灶烟……

——《小除夕东轩老人饷水仙钓钟花赋谢》

唉，海上居，大不易。编丛刊及其他琐事，已经夺去了王国维大量学术研究的时间，但是，他却一再托人找一份差事，希望增加一点收入。朋友们看重他的学问，帮他设法摆脱穷困。先推荐他替蒋汝藻编藏书目，继又聘他分担浙江通志编务。这两桩事，即使没有报酬他也会干的。因为前者可看到一些珍贵古籍；后者可与名流商讨学问。都是读书人分内应做的事。

正当遗老和准遗老们徘徊春申江上，撼怀旧之蓄念，发思古之幽情的时候，我国北方风云际会，天安门前，万声齐吼。以青年学生为主流，揭开新民主主义革命序幕的五四运动浩浩荡荡勃然掀起了。

革命的浪潮由北而南，东海之滨也巨澜翻卷，荡漾不已。

这时，以提倡白话文出名的胡适博士正停留在上海。他对方兴未艾的甲骨文研究格外敏感，对写了《殷卜辞中所见先公先王考》的王国维，更渴求一面。他在学术界声气很广，大半也与他抱着求同存异交朋友的宗旨分不开。他要介绍王国维进北京大学当教授，满以为王国维会欣然同意，谁知王国维却委婉谢绝了。

王国维在上海一住就住了七八年。这七八年物质生活虽然清苦，可精神生产却是丰收时期。很多著名的论著，都写于此间。他的名气一天比一天大。回忆二十年前在《时务报》当小书记、在东文学社半工半读的日子，已是不可同日而语了。

回国的头一年，他的学术研究成果，自认为比较满意的是《魏石经考》。

关于石经的沿革是这样的：东汉熹平四年（一七五）灵帝下诏同意议郎蔡邕正定五经文字的奏议，并命邕书碑立于太学。这是石经的创始。魏正始中（二四〇至二四九）又建古文、篆、隶三字石经立于汉碑之西。《隋书·经籍志》称："齐神武执政，自洛阳徙于邺都，行至河阳，值岸崩，遂没于水。其得至邺者，不盈太半。至隋开皇六年，又自邺京载入长安，置于秘书内省。议欲补缉，立于国学。寻属隋乱，事遂寝废。营造之司因用为柱础。贞观初，秘书监魏徵始收聚之，十不存一。其相承传拓之本，犹在秘府。"宋洪适在《隶续》中所收魏三体石经《左传》遗字古文三百七、篆文二百十七、隶书二百九十五，为皇祐癸巳洛阳苏望氏所刻。由于石经留下实物残缺不全，拓本真伪难辨，而旧社会对儒家经典又非常重视，所以历来考证石经者甚多。清初顾炎武及稍后的万斯同均著有《石经考》，翁方纲著《汉石经残字考》，孙星衍著《魏三体石经残字考》。其中杭世骏的《石经考异》，着重考证源流；冯登府的《石经补考》，着重考订文字。但是，考证来考证去却没有把石经的本来面目搞清楚。因此，王国维在日本看了许多石经拓墨之后，就动手起草《魏石经考》。归国后修改完成。其内容包括如下八个部分：

一、汉石经经数石数考

二、魏石经经数石数考

三、魏石经经本考

四、魏石经拓本考

五、魏石经经文考

六、魏石经篇题考

七、魏石经古文考

八、魏石经书法考

这一篇考证文章,收入一九二一年作者亲自编订的《观堂集林》时,经过压缩,删存五个部分,但书考一、考二……不分经本、拓本等等。一九二四年底,因为早一年看到洛阳出土的魏石经残石拓本及其他拓墨,又作了《续考》。其《魏石经续考自序》详述了考订过程:

> 余于丁巳作《魏石经考》,据黄县丁氏所藏残石,以定魏石经每行字数;又由每行字数推定每碑行数。复以《御览》引《洛阳记》所载碑数及诸经字数,参互求之,以定魏石经经数。……岁在辛酉,复删《经文考》《古文考》诸篇,而掇取其首五篇,编入《观堂集林》。癸亥春,乃闻洛阳复出魏石经残石一、两面分刻《尚书·无逸》《君奭》二篇,《春秋》僖、文二公,字数至千余。三月中,始得拓本,则已剖而为二。又见《尚书·多士》《春秋》"文公"一小石,亦二百余字。……总今日所有残石,凡得二千有数字。除磨灭不可见者,尚二千字,视五代宋初人所见拓本,字已逾倍,乃复为此考,以补前考之未备焉。

据了解:王氏还多次与友人马衡讨论石经。[1] 晚年在清华国学研究院也尝以石经拓本举以示人,观者提问,辩答如流。[2] 足见他一生中都在不断研究。他在写给罗振玉的信中,把《魏石经考》与《殷卜辞中所见先公先王考》并提,益知作者对此篇估价甚高。

王国维考证魏三体石经为什么从汉石经入手呢?他说:

―――――――――

[1] 见《中国历史文献研究集刊》第二集《观堂书札》。
[2] 见一九二七年《国学月报》三卷《王静安先生专号》。

116

"汉魏石经同立于太学,其时相接,其地又同。昔人所记,往往互异。故欲考石经经石数,必自汉石经始矣。"但是,汉石经经数石数,是一个复杂的问题。据《后汉书·灵帝纪》《卢植传》《儒林传·序》《宦者传》都说是五经。而《蔡邕传》及《儒林传》张驯下又说六经。《隋书·经籍志》却说七经。至于具体内容,有的说是《尚书》《周易》《公羊传》《礼记》《论语》;有的说是《周易》《尚书》《鲁诗》《仪礼》《春秋》《公羊传》《论语》,说法不一。石碑数目多少呢?《西征记》说四十枚,《洛阳记》说四十六枚,《洛阳伽蓝记》说四十八碑,《北齐书·文宣帝纪》则说五十二枚。王氏考证结果,认为"经数莫确于《隋志》",即《周易》《尚书》《诗》《仪礼》《春秋》《公羊传》《论语》七种。"石数莫确于《洛阳记》",即四十六枚。

魏石经经数石数,同样是一个复杂的问题。魏石经石数,据《水经注·谷水篇》为四十八碑,《西征记》为三十五碑,《洛阳伽蓝记》则为二十五碑。不论是二十五碑或四十八碑,都不可能容纳《尚书》《春秋》《左传》三书字数。(三书计二十一万五千九百八十八字,每字三体,共六十四万七千九百余字。)王氏考证结果,认为:石数以《西征记》为最确,即三十五碑。经数则《尚书》《春秋》外,《左传》本未刊成。

王国维是怎样考证出来的呢?他说:"欲知汉石经经数石数,当以二者参伍定之。"魏石经经数石数也是用这个方法进行考证的。简单地说,他依据光绪年间洛阳出土的魏石经残石(出土后为潍县骨董商范维卿购得,后归黄县丁佛言所有。)确定经文每行二十字,并三体计之,得六十字。用此行款再去对照洪适《隶续》残字,皆每行六十字。然后又由每行字数,推定每碑行数。再以每经字数参互求之。他又认为:"汉魏石经皆刊当时立于学官之经,为最显著之事实。"并且可以从这里看出当时的学风。

由此可见,王国维考证石经时,态度是严肃认真的,方法也是科学合理的。然而,他在讲述魏三体石经中的古文时,说什么"魏石经残字之丰中锐末,或丰上锐下者,乃依傍科斗之名而为之"。又说"三代文字,决无此体"。"今溯此体之源,当自三字石经始矣。"把魏三体石经中的古文当作最早的古文,是依傍科斗之名而为之,并进一步认为后来的学者,如郭忠恕的《汗简》、夏𫗦的《古文四声韵》,无一不从魏三体石经中来。显然,这是武断的说法。王国维对丰中锐末,形状类蝌蚪的古文所有的论述,大抵皆出于主观臆测,因而都是错误的。其错误的根本原因,就在于没有见到实物。在王国维卒后二十六年,即公元一九五三年七月,我国考古工作者在长沙南门外仰天湖清理一座战国时期的古墓时,发现楚简四十三支,简上文字清晰可认,字体与魏三体石经中的古文,以及《汗简》《古文四声韵》中的字,极为接近。① 也就是古文献中所说的科斗文。六十年代在山西侯马出土的石简盟书②,更进一步揭示科斗文确是春秋战国时期的文字。有力地证明了真知来自客观事物的实际。以王国维的捷悟、勤奋、态度严谨,而又掌握了实事求是的科学方法,偏偏做出不正确的结论,使人不得不想起阎若璩所说:"甚矣,学问之无穷! 而人尤不可以无年也。"③从而为王国维的自沉加倍惋惜。

---

① 见史树青《长沙仰天湖出土楚简研究》。
② 见一九六六年《文物》第二期。
③ 阎若璩历时二十年方查畎"使功不如使过"一语出《后汉书·独行传》。故谓为学不可不有年。

第九章 卜辞研究新成绩

如前所述,王国维研究甲骨文字,起手就有惊人的创获;他在返回祖国后的第二年,亦即一九一七年初,竟攀登上光辉的顶峰。他所写的《殷卜辞中所见先公先王考》(以下照作者生前那样简称为《殷先公先王考》)是甲骨文字出土十九年中第一篇具有重大意义的科学论文。有了这篇论文,才使甲骨文字的史料价值为举世所公认,甲骨学才真正成为一门独立的学科。郭沫若说:"卜辞的研究,要感谢王国维。是他,首先由卜辞中把殷代的先公先王剔发了出来,使《史记·殷本纪》和《帝王世系》等书所传的殷代王统得到了物证,并且改正了他们的讹传。……我们要说,殷墟的发现,是新史学的开端,王国维的业绩,是新史学的开山,那是丝毫也不算过分的。"①罗振玉在读到论文初稿,写给王国维的信中说:"弟自去冬病胃,闷损已数月,披览来编,积疴若失。忆自卜辞初出洹阴,弟一见以为奇宝,而考释之事,未敢自任。研究十年,始稍稍能贯通。往者写定《考释》,尚未

---

① 见《中国古代社会研究·序》。

能自慊。固知继我有作者,必在先生。不谓捷悟遂至此也。"其
实,王国维据以撰写论文的甲骨文资料,仅仅是刘鹗的《铁云藏
龟》及罗振玉的《殷虚书契前编》与《后编》而已。我们现在就来
简略地谈谈这篇论文的大概。这还得从殷王朝世系谈起。据
《史记·殷本纪》所载:

> 殷契,母曰简狄,有娀氏之女,为帝喾次妃。三人行浴,
> 见玄鸟堕其卵,简狄取吞之,因孕生契。契长而佐禹治水有
> 功。……封于商,赐姓子氏。……契卒,子昭明立。昭明卒,
> 子相土立。相土卒,子昌若立。昌若卒,子曹圉立。曹圉卒,
> 子冥立。冥卒,子振立。振卒,子微立。微卒,子报丁立。报
> 丁卒,子报乙立。报乙卒,子报丙立。报丙卒,子主壬立。主
> 壬卒,子主癸立。主癸卒,子天乙立。是为成汤。

这个只记下殷代祖先名号的所谓王统,司马迁究竟有何根据?
可信的程度怎样?它给后世读者带来一个很大的疑问。本来,
司马迁生活在公元前一世纪,距公元前二十世纪至十五六世纪
的殷代前期的事情,他哪里能够知道得那样清楚。早于司马迁
五百年左右的孔丘,想考究一番关于夏商的制度,就感到无从下
手。曾经慨叹着说:"夏礼吾能言之,杞不足征也;殷礼吾能言
之,宋不足征也。文献不足故也。足则吾能征之矣。"[1]时代过
去已久,典籍散失无遗,考证的确是很困难的事。可是,距司马
迁两千年之后的王国维,居然从安阳小屯出土的甲骨文字中找

---

[1] 见《论语·八佾》。

到了殷王世系。甲骨文字是殷王朝祭祀祖先的贞卜记录,是非常可信的原始资料。王国维从原始资料中发现殷王世系的过程,他在《殷先公先王考》前言中写得很清楚:

甲寅岁暮,上虞罗叔言参事撰《殷虚书契考释》,始于卜辞中发见"王亥"之名。嗣余读《山海经》《竹书纪年》,乃知王亥为殷之先公。并与《世本·作篇》之胲,《帝系篇》之核,《楚辞·天问》之该,《吕氏春秋》之王冰,《史记·殷本纪》及《三代世表》之振,《汉书·古今人表》之垓,实系一人。尝以此语参事及日本内藤博士(虎次郎)。参事复博搜甲骨中之纪王亥事者得七八条,载之《殷虚书契后编》。博士亦采余说,旁加考证,作《王亥》一篇,载诸《艺文杂志》,并谓自契以降诸先公之名,苟后此尚得于卜辞中发见之,则有裨于古学当尤巨。余感博士言,乃复就卜辞有所攻究,复于王亥之外,得王恒一人。按《楚辞·天问》云:该秉季德,厥父是臧。又云:恒秉季德。王亥即该,则王恒即恒,而卜辞之季即冥。(罗参事说)至是始得其证矣。又观卜辞中数十见之田字,从甲在口中。及通观诸卜辞而知田即上甲微。于是参事前疑之匚、匕、可,即报乙、报丙、报丁者,至是亦得其证矣。又卜辞自上甲以降皆称曰示,则参事谓卜辞之示壬、示癸,即主壬、主癸,亦信而有征。又观卜辞王恒之祀与王亥同,大丁之祀也大乙、大甲同,孝己之祀与祖庚同,知商人兄弟无论长幼与已立未立,其名号、典礼,盖无差别。于是卜辞中人物,其名与礼皆类先王,而史无其人者,与夫父甲、兄乙等名称之浩繁,求诸帝系而不可通者,至是亦理顺冰释。而《世本》《史记》之为实录,且得于今日证之。

《殷先公先王考》从"夋"考起,他说:

> 卜辞有⊠字,其文曰"贞:夒(古燎字)于⊠"(《殷虚书契前编》卷六第十八叶),又曰"夒于⊠□牢"(同上),又曰"夒于⊠,六牛"(同上卷七第二十叶),又曰"于⊠夒牛六",又曰"贞:求年于⊠,九牛"(两见,以上皆罗氏拓本),又曰"(上阙)又于⊠"(《殷虚书契后编》卷上第十四叶)。案⊠二形,象人手足之形。《说文》⊠部:"⊠,贪兽也。一曰母猴,似人。从页。巳、止,⊠,其手足。"毛公鼎"我弗作,先王羞之",羞作⊠。克鼎"柔远能迩"之柔作⊠。番生敦作⊠。而《博古图》、薛氏《款识》盠和钟之"柔燮百邦"、晋姜鼎之"用康柔绥怀远廷",柔并作⊠,皆是字也。夒、羞、柔三字,古音同部,故互相通借。此称高祖夒,按卜辞惟王亥称高祖王亥(《后编》卷上二十二叶),或高祖亥(《戬寿堂所藏殷虚文字》第一叶),大乙称高祖乙(《后编》卷上第三叶),则夒必为殷先祖之最显赫者。以声类求之,盖即帝喾也。帝喾之名,已见《逸书·书序》:自契至于成汤八迁,汤始居亳。从先王居,作帝告。《史记·殷本纪》告作诰,《索

隐》曰一作偰。案《史记·三代世表》《封禅书》《管子·侈靡篇》皆以偰为偰。伪《孔传》亦云：契父帝喾都亳，汤自商丘迁亳，故曰"从先王居"。若《书序》之说可信，则帝喾之名，已见商初之书矣。诸书作偰或偰者，与夒字声相近；其或作夋者，则又夒字之讹也。……偰为契父，为商人所自出之帝，故商人禘之。卜辞称高祖夒，乃与王亥、大乙同称，疑非偰不足以当之矣。

《殷先公先王考》继"夋"之后，依次从卜辞中考出了相土、季、王亥、王恒、上甲、报丁、报丙、报乙、主壬、主癸、大乙……他说：

> 有商一代二十九帝，其未见卜辞者，仲壬、沃丁、雍己、河亶甲、沃甲、廪辛、帝乙、帝辛八帝也，而卜辞出于殷虚，乃自盘庚至帝乙时所刻辞。自当无帝乙、帝辛之名。则名不见于卜辞者，于二十七帝中实六帝耳。

过了一个多月，他见到罗振玉的甲骨拓片一千余纸，又获见哈同所藏拓片八百纸，有了新的发现，于是写了《续考》，修订、补充前文所不足。

继王氏之后，对殷王朝世系陆续从卜辞中进行考证的，还有吴其昌、董作宾、郭沫若、胡厚宣诸家。至今殷先公先王未见于卜辞的，仅昭明一人而已。兹将卜辞发现与《史记·殷本纪》列表对照如下（见下页）。

《殷先公先王考》不但证明了司马迁的《史记》是一部信史，《史记》所记载的史实，是有所根据的；同时也证明《帝王世系》

等古文献,不应轻易怀疑。此外,它还纠正了《史记·殷本纪》对殷祖先排列顺序上的错误。依卜辞:报丁应在报乙、报丙之后。更重要的是,它告诉我们:研究历史,特别是古代史,除了书本,还有出土文物。历史工作者应当把书本和出土文物相互参证。甲骨最可宝贵之处,就在于它是研究殷代社会的可靠资料。总之,王国维这篇论文,给甲骨学奠定了基础,给研究古代史开出一条新的道路。

王国维在甲骨文字方面做出的贡献,尚不止此。他还是甲骨断代与缀合的第一人。

什么叫断代? 一件出土或传世的古代器物,当我们接触它的时候,首先就要问:这是什么年代的东西? 确定古器物的年代,叫作断代。断代必须有充分的科学根据。例如:青铜器断代先看有无铭文,然后是形制、纹饰。铭文又从内容或字体上来区分不同时代的风格特点等等。多方进行比较,才可决定其年代。安阳小屯出土的甲骨文字是殷代后期的产物,这是毫无疑义的。但从盘庚迁殷至帝辛亡国,历时二百七十三年,经过了九个王朝。如何能够确切知道每一片甲骨是属于某一王朝的卜辞呢? 只有确切知道每一片甲骨属于某一王朝,才能增进甲骨的史料价值。王国维这样做了。他是从卜辞的"称谓"来确定其年代的。这里有两个例子。一是《殷虚书契后编》上卷二十页第五片卜辞,其内容为:

甲辰卜,贞:王宾求祖乙、祖丁、祖甲、康祖丁、武乙衣,亡尤?

王国维说:"武乙以前四世为小乙、武丁、祖甲、康丁。祖乙即小乙,祖丁即武丁;非河亶甲之子祖乙,亦非祖辛之子祖丁。"那么,这一片甲骨,就可定为文丁时物。一是《后编》上卷二十页第九片卜辞,有"父甲一牡、父庚一牡、父辛一牡"几句,王氏认为:"此当为武丁时所卜。父甲,父庚,父辛,即阳甲、盘庚、小辛,皆小乙之兄、而武丁之诸父也。"

像这两例从卜辞的"称谓"进行断代,是正确的,科学的。但是依据卜辞"称谓"来决定其年代的甲骨,毕竟有限。因此,这种断代方法,不可能推广。

一九二九年秋,殷墟发掘大龟四版,董作宾对它做了考释,并由此开始断代研究,取得重大收获,写出了具有划时代意义的论文①,提出世系、称谓、贞人、坑位、方国、人物、事类、文法、字形、书体十个断代标准。其中以贞人居极重要位置,所以人们称之为"贞人断代"。董氏之所以能突破王国维的成就,正是由于王国维的启发。

与断代一样,给甲骨文研究带来很大推进作用的是缀合。我们知道:甲骨埋藏地下,经过了三千余年,出土时很少完整无缺的,往往一条卜辞,上文留在中国,下文可能流散到加拿大或日本,这种情况,对于研究者来说,极其不利。因此,使破裂的甲骨复原,很有必要。王国维有见及此,并着手这样做了。虽然他仅仅缀合一例,却不能不说起了示范作用。

下面是两片缀合在一起的卜辞。上片见于《殷虚书契后编》,下片见于《戬寿堂所藏殷虚文字》。缀合后其文为:

① 董作宾《甲骨文断代研究例》,见《庆祝蔡元培先生六十五岁论文集》。

乙未,(彤)兹品上甲十、报乙三、报丙三、报丁三、示壬三、示癸三、大丁十、大甲十……

这是有名的所谓自上甲至示癸六示卜辞,可从中看出殷王祀祭祖先,世系排列整齐,用牲亦有定例,毫不马虎。后来,这两片又与刘体智所藏一片连缀一起,亦即自上甲至祖乙十示卜辞。那是董作宾的贡献。吴其昌更从旁加以添补。

此外,王国维还把哈同所藏甲骨,整理编辑成为《戬寿堂所藏殷虚文字》一书,加以考释,用姬佛陀名义出版。

由于早期甲骨文字的研究,以罗振玉、王国维之功居多,于是有人称甲骨学为"罗王之学"①。

王国维对甲骨文字研究,从认识一个一个的文字开始,等到能够通读、切实了解卜辞的内容之后,立即把它应用到古史研究上去,使甲骨充分发挥史料的作用。这是他治学上最大的特点。换言之,他不限于研究甲骨文字,因而他又成为把古文字研究和古代史研究结合为一的创始者。他在一九一七年正月写成《殷先公先王考》,同年闰二月,再写《续考》,过了不久,便写出《殷周制度论》以及《殷礼征文》等篇,创造性地提出了自己对殷周两代制度上截然不同的看法。在《殷周制度论》中,他说:

---

① 见陈梦家《殷虚卜辞综述》。

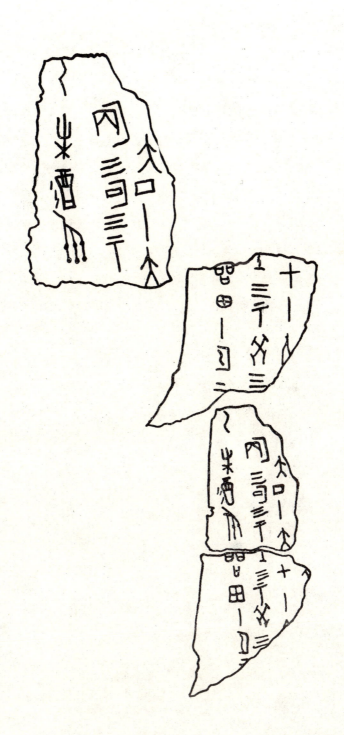

中国政治与文化之变革,莫剧于殷周之际。

自五帝以来,都邑之自东方而移于西方,盖自周始。

欲观周之所以定天下,必自其制度始矣。周人制度之大异于商者,一曰立子立嫡之制。由是而生宗法及丧服之制,并由是而有封建子弟之制,君天子臣诸侯之制。二曰庙数之制。三曰同姓不婚之制。此数者,皆周之所以纲纪天下。其旨则在纳上下于道德,而合天子诸侯卿大夫士庶民以成一道德之团体。周公制作之本意,实在于此。

殷以前无嫡庶之制。

……商之继统法,以弟及为主而以子继辅之。无弟然后传子。

传子之法,实自周始。

由传子之制而嫡庶之制生焉。

……由嫡庶之制而宗法与服术二者生焉。商人无嫡庶之制,故不能有宗法。

自殷以前,天子诸侯君臣之分未定也。

男女之别,周亦较前代为严。男子称氏,女子称姓,此周之通制也。

……

这篇论文,作者自说"于考据之中,寓经世之意",可以与顾炎武比美①。后来经常有人称道其为好文章②。誉之者视"为近

---

① 见《中国历史文献研究集刊》第一集《观堂书札》。
② 见《东岳论丛》一九八〇年第一期《王国维的古史研究》。

世经史二学第一篇大文字"①;相反的也有说它是"为清朝复辟制造舆论"的②。我们认为:他在论文中所做出的结论虽是错误的,并已为后来的学者所辩证,但从研究学问的方法上来看,把研究古文字与研究古代史相结合,把纸上的材料与地下的材料相结合,在研究古代史时,着眼于制度,而不是与传统史学一样为帝王修家谱,这些都是比较可取的。作者晚年讲学清华国学研究院时,开设了《古史新证》这门课,也是朝这个方向走的,不把甲骨金文研究局限于文字范围,而引向综合运用,最后落脚于古代社会制度。

---

① 见《王静安先生年谱》。
② 见一九七八年出版之版《辞海·语言文字分册》《王国维》条。

第十章　治学与自学

我们为了探究王国维在学术领域内为什么取得如许惊人的成绩,必须了解他治学和自学的方法。最近几年中,报刊发表论述王氏治学方法的文章甚多,可能与我在这里所说的不无异同之处。取长补短,在乎读者抉择。

我们知道:任何一门学科,任何一位学者,要想在前人的基础上继续前进,取得更大更新的成绩,就要善于总结前人的经验。一门学问,是经过无数学者共同努力的结果。其中成绩最大的人,也就是最善于继承前人的业绩而又勇于创新的人。王国维说过这样一句话:"夫学问之品类不同,而其方法则一。"①王国维之所以有多方面的成就,就在于他掌握了科学的治学方法。这种科学的治学方法是从哪里来的呢?说穿了,王国维的治学方法,基本上就是乾嘉学派的治学方法。为什么说"基本上"而不说实际上就是乾嘉学派的治学方法呢?因为王国维的

---

① 见《沈乙庵先生七十寿序》。

治学方法来自乾嘉学派而又不同于乾嘉学派。他比乾嘉学派更高明。高明之所在,就是他接受了西方的科学方法,并使之与乾嘉学派治学相结合。

先谈谈什么是乾嘉学派,什么是乾嘉学派治学方法。

乾嘉学派指清代乾隆、嘉庆年间一个研究经学的派系。这一派人研究学问崇尚汉代郑玄、许慎诸儒,所以又称为汉学。这一派人长于考据,又称为考据学派。他们的学风朴实,又曰朴学。乾嘉学派实际上不是从乾隆时期才开始的,应该从清初顾炎武、阎若璩、黄宗羲数起。不过,到了乾隆年代,人物辈出,盛极一时,如戴震、段玉裁、王念孙、王引之父子,以及王鸣盛、程瑶田、钱大昕等,都有很大影响,所以号为乾嘉学派。

乾嘉学派总的治学态度、治学方法是实事求是,主张言必有据,据必可信,所谓无征不信。反对空谈,反对蹈袭前人旧说。一言以蔽之:在学术上无论讲什么,都要拿出证据来。在清代以前,宋、元、明三代的学术风气却不是这样。同样都是治经,两汉诸儒重训诂,宋元学者重义理,明人承宋元之后也谈义理,不过越来越趋向空谈。离开书本,高谈心性,从宋人起,发展至明末,空疏已极。他们从经书中拣选几句话,便长篇累牍地做文章。典型的例子是:挑选《尚书》中"人心惟危,道心惟微,惟精唯一,允执厥中"四句,无穷无尽地发挥蕴义,并且说这是圣人的十六字心传。流风所至,大家都不读书。不讲究读书的结果是很多经书读不懂,读不懂又要装懂,于是就望文生义,增字解经,甚至凭主观臆测,妄自改动古书。一切弊病都出现了。顾炎武说:

> 今之君子,聚宾客门人数十百人,与之言心言性;舍多学
> 而识,以求一贯之方多置四海穷困不言,而讲危微精一。①

黄宗羲也说:

> 明人讲学,袭语录糟粕,不以六经为根柢,束书而从事
> 于游谈。②

清代学人,一反过去,提倡崇实。所以说,朴学是针对晚明浮谈
无根的坏学风,拨乱反正。

既然乾嘉学派总的治学态度是实事求是,凭事实说话,那么
学术研究工作的起点,便是从搜集材料入手。搜集材料,整理材
料,分析归纳之,成为研究过程中不可缺少的步骤。这种从搜集
材料入手,材料先于观点,事实先于结论的方法,与唯物主义认
识论的精神是相符合的。

实事求是,不仅要求从客观事物出发,更重要的是"求是",即
研究事物,找出事物内部的规律性。材料搜集一大堆,把自己淹
没在材料的汪洋大海中,能入而不能出,这也不叫作实事求是。

乾嘉学派是怎样运用实事求是的方法治经的呢? 他们认为
读经必先求字义。顾炎武所谓"读九经自考文始",就是这个意
思。戴震说得好:"今人读书,尚未识字。……文字之鲜能通,
妄谓通其语言;语言之鲜能通,妄谓通其心志。"本来,不扫清语

---

① 见《亭林文集·与友人论学书》。
② 见《清史·黄宗羲传》。

言文字上的障碍,怎么能了解书的内容呢? 不过识字也有讲究。一个字分形、音、义三部分,字形、字音、字义三者紧密联系,不可分割。必须把形、音、义都搞清楚了,才叫识字。如何才能搞清楚字形、字音、字义呢? 乾嘉学派主张从音入手。音,从时间上说,有古今之不同;从地域上说,又有南北方音之别。读古书不知字之古音,仍叫不识字。总之,治学以语言文字为基本,治语言文字又以音韵为基本。这就是乾嘉学派为学的次序。也是与宋、元、明人不同之所在。王国维正是遵循这条途径去做学问的。也正是从这个意义上来说,王国维继承了乾嘉学派的治学方法。不过,王国维的治学范围很广,他不限于治经,他用这方法治史、治金甲文字及其他学问。

王国维继承乾嘉学派的治学方法,最得力、最有效、因之成绩最大的是"就古音以求古义"。下面我们特为引用王国维的学生、古文字学专家戴家祥的一段话,他说:孙诒让、罗振玉、王国维三家都具备了关于字形、字音、字义这三方面的渊博知识,但是运用起来,各有各的侧重点。孙重在从先秦语法辞例上取得成绩;罗则较多地从字形演变上着力;王贯彻各个方面,而最大的收获在利用"同声通假"[1]。这是通读三家书、进行比较研究的心得,是真正的行家才能说出的话。搞通古音通假以攻古文字,是王国维的撒手锏。一般人泛谈王观堂治学继乾嘉实事求是如何如何,何曾抓到痒处。

王国维在《论新学语之输入》一文中说:"我国人之特质,实

---

① 　见《甲骨文字学的发展与王静安先生的方法论》。

际的也,通俗的也;西洋人的特质,思辨的也,科学的也。"西洋
人"长于抽象,而精于分类。对世界一切有形无形之事物,无往
而不用综括及分析之二法"。他看到了西洋人的长处,学习和
运用分析、综合的方法,因而在治学方面超出乾嘉学派之上。

我们知道:乾嘉学派无论启蒙时期的几位大师,如顾炎武、
阎若璩,或全盛时期的皖派戴震、段玉裁、王念孙、王引之父子;
吴派惠栋、王鸣盛、钱大昕,他们研究学问,都是从文献到文献,
考证来考证去,总离不开书本。王国维当然也是重视书本的,但
他在重视书本的同时,十分重视出土文物。过去出土的钟鼎彝器
固然重视,新出土的甲骨、木简、封泥等等,同样无比重视。这样,
供他利用的资料就增多了,而且都是前人所未见的。他说:

> 吾辈生于今日,幸于纸上之材料外,更得地下之材料。
> 由此种材料,我辈固得据以补正纸上之材料,亦得证明古书
> 之某部分全为实录,即百家不雅驯之言,亦不无表示一面之
> 事实。此二重证据法,惟在今日始得为之。①

他就是二重证据法的创始者、提倡者。他认为古文字、古器
物之学,与经史之学,实相表里。他在《古史新证》中,揭橥了二
重证据法之后,中外学者,无不推崇。新中国成立前及新中国成
立后,我国学者根据地下材料,对证古籍,进行研究,收获很大。
例如:劳干、陈直,用居延汉简阐明了汉代社会一系列的问题。

---

① 见《古史新证》。

尤其是新中国成立后临沂银雀山汉简及长沙马王堆帛书出土，研究者据以整理了《孙子兵法》《老子》等书，证明二重证据法无比犀利。

其实，二重证据法并非什么深奥神奇的妙法，而且人人能用。但是在与王国维同时代的学人中，如康有为、章炳麟就不以二重证据法为然。他们都不相信地下出土的甲骨文。[1] 由于保守，做学问的时候，仍然从纸上到纸上。这样故步自封，其结果当然谈不上开拓新境界。

研究古代史，离开二重证据法，就有误入歧途的可能。但凭想象，不重证据，固然不对；证据薄弱，仅是书上略有记载，或是出土器物上稍见铭刻，都不能立论。必须是考古发现与文献相对应，确凿可信，才符合二重证据法原则。近年来在古文字、古器物研究上出现轻易立论的现象，如把"商三句兵"定为唐虞时代的兵器，把安阳五号墓出土青铜器说成为夏禹举行婚宴的礼器[2]，未尝不是违背二重证据法所使然。

王国维在治学中还有一个突出的特点，就是他与罗振玉两人都把实事求是看作不可逾越的原则而身体力行。讲到身体力行，坚持到底是颇不容易的。罗、王在学术研究上遇到难题时，宁可阙疑待问，绝不自作聪明，轻易立说。做学问的人，就应该是这样。懂得"原则"的重大意义，在执行原则时，偏偏又违反原则，出现一个又一个的"例外"，这还叫作遵守科学原则吗？

---

① 见章炳麟《国故论衡·理惑篇》。唯许寿裳所著《章炳麟》一书称其师对于甲骨文始疑终信。

② 见一九八〇年《学习与探讨》第六期所刊《关于金文新考的报告》。

这哪里谈得上治学严谨呢！比如说，乾嘉学派教人读古书和校勘古书时，千万不要随意破字。所谓破字，就因为古书中字多通假，我们要读出本字来才好解释。这里有个现成的例子，王引之引《诗·王风·葛藟》："谓他人昆，亦莫我闻。"说：闻字是问字的假借字。我们把闻字读成问，这句诗就好解释了。破字对读古书用处很大，但也不能随随便便指某字是某的假借字。只有在万不得已的时候，才允许运用"形近而讹"这一条，提出自己的意见。换言之，破字必须有充足的理由，即拿出有力的证据。话是这么说，有的朴学大师却时常随意破字。鼎鼎有名的俞樾就犯有这种毛病。

王国维、罗振玉在治学中把阙疑当作头等重要的事来抓，正是实事求是的具体表现。本来知之为知之，做学问应当老老实实。司马迁在《史记·三代世表》绪言中说："疑则传疑，盖其慎也。"许慎《说文解字·叙》最后两句也说："于其所不知，盖阙如也。"可见"阙疑"是我国学术界的优良传统。我们在前面所引王国维《毛公鼎考释序》时，着重指出这是他治古文字的经验总结，是不可多得的衣钵真传。而在这篇文章中，作者就十分强调阙疑之不可少。一切穿凿附会之说，都由不知阙疑而起。王国维与罗振玉不仅严格要求自己这样做，他们之间还以此互相勉励，并以此谆谆教导后学。王国维说，罗振玉在考释古文字上比吴大澂进步的标志就是阙疑。他在写给柯绍忞的儿子的信中甚至说："考释古文字以阙疑为第一要诀。"①罗振玉教训其子罗福

---

① 见《中国历史文献研究集刊》所刊《观堂书札》。

颐要"勿妄腾口说",以不知阙疑为戒。王国维以为宋代古文字学家王楚、王俅、薛尚功对每一件古器物的铭文都有释文,绝不可识的字也故为其说是不对的,是一种不正的学风。我们在学术研究中应重视这个意见。

罗、王两家对阙疑一说,与一般理解更有不同之处,就是他们的要求极高。认为认识一个字,必须形、音、义三者都得圆满的解决,才算是真正的认识了。如果三者之中,有一个方面不能说得过去,就应阙疑,留待来日。罗振玉为《殷虚书契待问篇》所作序言中说得非常清楚:"形、音、义三者不备知,则曰阙,非必全阙也。"

对于过分强调阙疑这一点,郭沫若颇不以为然。他在《卜辞通纂·序》中写道:

> 并世学者,多优游岁月,碌碌无为。……动辄以阙疑谨慎自矜许,而讥人以妄腾口说。呜呼谨慎,呜呼阙疑,汝成为偷惰藏拙之雅名耶?

郭氏是以大胆创新,勇于向困难进攻著称的学者。他在学术上成绩很大。他提出不要以阙疑为借口,停步不前,也是正确的。但郭氏在学术研究上不免有授人以口实的地方,也恰恰是缺少一点阙疑精神。所以在谈到王国维治学时,指出他把阙疑作为关键问题来对待,是有好处的。

王国维、罗振玉在古文字和古代史研究工作中,既大胆,又小心;既尊重古人,又不迷信古人。这种科学的态度,充分体现在对待《说文解字》这部书上。

《说文解字》一书,是文字学的经典著作,是我国第一部字典。没有这部字典,我们对秦汉篆书就无从认识,更谈不上认识殷周时期的甲骨金文了。

清人治经,立足于治小学。治小学则以《说文》为依归。清代三百年间,学者无一不从事《说文》研究。据统计,研究《说文》的专家,达数十人之多。如果把稍有研究者也计算在内的话,共约二百余人①。《说文》这部书,确是了不起。但是,它毕竟是距今近两千年的东汉时期的著作。作者许慎根据当时所能掌握的材料,对文字这门学科进行了科学总结。时代不断前进,由东汉到近代,经历了如许漫长的时间,在这漫长的时间中,出现过许许多多新事物。文字方面像金文、甲文、木简,都是许慎所未见的宝贵资料。所以我们不能说《说文》已经达到了这门学问的最高峰,后来的学者再不能超越了。然而,清代学者恰恰与此相反,他们对《说文》信奉唯谨,从来不敢对许慎提出半点意见。即使有个别学者对《说文》某处产生怀疑,发现有问题,也归咎于是后人的错误,许慎原著没有什么不对。他们把《说文》奉为无上的权威著作。

罗、王两家却不是这样的。他们一面肯定《说文》有无数优点,把《说文》当作是研究古文字不可缺少的书,例如:罗振玉在《殷虚书契考释·序》中,谈到他研究甲骨文,就是"由许书以溯金文,由金文以窥书契"的;在《考释》中,也一再称赞《说文》的功用,如当解释"贞"字时,他说:"古经注贞,皆训正。惟许书有

①　见丁福保《说文解字诂林》。此书共载《说文》研究者二〇三人。

卜问之训。古谊古说,赖许书而仅存者,此其一也。"你看,他是多么推崇许慎。事实上自从说《易》的人把元、亨、利、贞列为《乾》之四德后,贞字的本义早泪没了。《说文》:"贞,卜问也。"殷墟出土的甲骨文中几乎每一卜辞都有这个"贞"字,证明《说文》所释为是。然而,另一方面,罗王对《说文》的缺点和错误,也从不放过。罗振玉《殷商贞卜文字考》共分四个部分,其中"正名"部分第四节标题为《纠正许书之遗失》,这是前人所不敢为的。的确他纠正了不少《说文》的错说。例如:"获"字《说文》训:猎所获也。从犬,蒦声。获字,卜辞作 🐾 ,以手持佳,获之意已明,还要什么从犬呢? 显然,获字乃后起之字。又如:"射"字,古文作躲。《说文》解释是:"弓弩发于身而中于远。"卜辞射作 ⊟ ,或作 ⊟ ,一望即识。王国维《观堂集林》一书,也订正了《说文》不少条目。但他任何时期对《说文》都未持否定或轻视态度。相反地,他教学生时常说:"治学必先通《说文》。"①他在清华国学研究院当导师,每周讲《说文》一小时。我们从刘盼遂的笔记《说文练习》看②,王国维不愧为许慎的功臣与知己。

罗王两家这种对待《说文》的态度,是正确的,科学的。是他们过人之处,也是不同于乾嘉学派之处。

关于王国维接受西方科学方法,运用分析与综合进行研究方面,我们在讲述《宋元戏曲史》及金文研究时,已分别提到,不再重复。

---

① 见《年谱》。一九二三年王国维对赵万里所说。
② 《说文练习笔记》,王国维讲,刘盼遂记。载一九三〇年《国学论丛》二卷二期。

我们觉得讲王国维的治学,还有几点也有谈谈的必要。第一点是关于自学的问题。王国维称为独学。自学也罢,独学也罢,总而言之是靠自己用功学习,取得成绩。无师自通的独学,与学有师承的进学校或拜老师,各有好处,应一分为二。自学可能要多走些弯路,但少受传统观念的束缚,依傍少,门户之见也少。师承容易学到过硬的基本功,但往往老师的优点和缺点都接受过来了。王国维在学问上主要是靠自学的。我国过去和现在都有很多自学成家的学者。在自学中只要留心少走弯路,困难是可以克服的。古人说:独学而无友,则孤陋寡闻。但是自学的人,只要谦虚好问,到处都有可以求教的人。等到稍知治学的门径后,与并世学者切磋琢磨的机会就更多。何况历来读书的人,都不忘记尚友古人。王国维三十岁那年写了两篇《自序》,谈他的自学经过。可惜他后半辈子做学问最得力、使他获得更大成就的那些自学经验,没有详细和系统地写出来。据我们所知:别人的长处,他无不虚心学习。比如他在音韵学上,得到沈曾植的启发;在目录版本学上,与缪荃孙相切磋;在古文字古器物研究上,与罗振玉互相帮助,数十年如一日;晚年在清华园交梁启超、陈寅恪,也是彼此以学侣相待。他在和别人过往中,从不以学者自居,即使是他在学术界名气很大的时候,也是如此。他的朋友、学生无不尊敬他,也与此分不开。第二点是学用一致的问题。学了就用,王国维历来是这样的。刚弄通甲骨文中的殷王世系,就写《殷礼征文》和《殷周制度论》。学金文学到一定程度,就写《生霸死霸考》《明堂庙寝通考》。以后又写《古史新证》等等。虽然应用起来不免有错误的论断,如《殷周制度论》

文中许多说法皆不能成立。可是,作者不是为学古文字而学古文字,他把古文字当作研究古代社会的一把钥匙,这种治学的门路是可取的。再则研究学术问题,绝不好大喜功,而是从小处入手,先求得一个个问题的解决,这样容易达到专与精。王国维早年研究戏曲,就是从《曲录》开始的。以后治学皆然。罗振玉把这种方法叫作分类法。与过去一般学者言治经则治全经或群经,治史动辄治通史有所不同。第三点是重视外语和强调心得。王国维通晓日文、英文和德文。为了学外语,下过苦功夫。清末向西方寻找真理的先进知识分子,都深深认识到这一点。梁启超还说过这样一句话:“新习得一外国语言文字,如新寻得一殖民地。”清华国学研究院所谓“三巨头”,无不兼通几国文字,名副其实地学贯中西。陈寅恪更为突出,连早已不用的突厥文、西夏文等死文字,他也熟悉。正因其如此,他才能写出《吐蕃彝泰赞普名号年代考》《彰所知论与蒙古源流》等论文,和王国维一道开拓学术研究新领域。王国维生平著述甚多,但他最反对人云亦云。一篇论文、一本书,没有创见、创获,他都认为是“无聊之作”。有些文章,他写好后,觉得无甚心得,就弃而不用。所以梁启超称《观堂集林》几乎篇篇皆有发明。

　　我们这样称述王国维,是不是过分了呢？是不是认为他的工作已经达到完美无缺的地步了呢？对前一个问题,我们的回答是:不为过分。充分肯定其成绩,是应该的。至于后一个问题,我们认为王国维的工作不但不是完美无缺,而且是存在严重缺点的。以他的学问基础,以他的工作条件,也就是说以他所能掌握和运用的资料,他的工作本来还可以做得更好一些,成就还可以更加辉煌巨大。然而,他止步了。很明显,他所研究的每一个问题,虽然精深无比,譬如说,考释一个字义,考证一件古物,所做出的结论,能够令人信服;可是,只限于一个字,一件古物,却不能透过文字或器物,发现问题本质之所在。一个个的字,一件件的古物,考订得清清楚楚,固然是显著的优点;如何把这些分散的、看来似乎互不相关的东西,综合在一起,进行科学的概括,找出各部分之间所固有的内在联系,他却未曾做到。甚至也没有考虑这样去做。例如:他和罗振玉,一共认识了五六百个甲骨文单字,剔出了殷王谥号,的确很了不起,但是通过卜辞进一步探索殷代社会内容及其社会性质,却远远没有办到。或者是尝试做了一点,如《殷周制度论》未尝不想把殷周制度加以揭露,然而结果是结论未必正确。有一个时期,即王国维从日本归国第二年,他写信给罗振玉,表示甲骨文研究,不会再有新的奇迹出现。这些充分说明:王国维的整个学术工作是只见树,不见林。或者说,是只知其然,而不知其所以然。

我们通过对王国维的研究,最大的收获就是在认识上清楚地看到了:一个人在世界上活着,不能没有正确的世界观。一个学者不能没有先进的理论做指导。

第十一章　交　游

郭沫若在《历史人物》中有一段重要的话，也是人人都能接受的话。他说：

> 我在这儿，主要的目的是想提说一项重要的关系，就是朋友，或者师友。这项关系，在古时也很知道重视，把它作为五伦之一。而在今看来，它的重要性更是有增无已了。这也就是一种重要的社会关系，在一个人的成就上是一个极其重要的因数。

诚然，古往今来，许许多多事例告诉我们：一个人的事业获致成功，或者在学术上取得重大成就，总与师友分不开。对某些人来说，甚至于来自师友的帮助，要起到决定性的作用。王国维之于罗振玉就是如此。罗振玉之外，王国维还有其他交游。我们想就其学问相互有影响、事业上得到帮助的来谈谈。

关于罗振玉，前面已谈了不少，本可不必再说。但一则由于他与王国维关系太密切了,一则由于几十年来,舆论界对罗振玉有贬无褒,有的且不免过甚其词。实事求是地把事实真相说明白,确有必要。罗振玉咎由自取地大节有亏,甚至于自负于民族,本不足齿;但如果不以人废言,那就应当把政治思想、政治活动与学术上的所作所为,既要联系在一起,又要加以区别地适当地加以评述。首先是把那些掺杂其间并非事实的流言澄清一下,特别是在涉及王国维问题上的是是非非、真假莫辨的部分,需要有所说明。

一、罗振玉是出身于破落地主家庭的穷秀才,先在淮安教私塾,家无藏书,淮安又无书铺,只好时时向有藏书人家借书而读。他的学习是刻苦的,对国家大事也颇为关心。甲午中日之战,他已二十九岁,成天对着地图,满怀忧虑地预料敌人将从海上进攻。光绪二十二年(一八九六),他和蒋黼商量,同赴上海设学农社,创刊《农学报》。又由《农学报》进而办东文学社。《农学报》坚持了十年之久,东文学社也培养了一批又一批日文翻译人才。可见罗振玉的事业心还是很强的。从这些经历,更可看出三十左右的罗振玉,思想比较进步,决非八股出身的腐儒可比。从而也可想见他具有非常出色的办事才能。因为在上海滩上一介书生居然自立门户,做出一番事业,是极不容易的。他一生行实的详细情形,闻其后人撰有《永丰乡人行年录》一书,可供参考。在此,我们可以大胆地说一句,溥仪在《我的前半生》中所说的有关罗振玉生平部分,大都不可靠。以溥仪所说为依据人云亦云的各种著述,如周君适《伪满宫廷杂忆》中的这一部分,自然也要被推翻。溥仪说罗振玉:"出身于浙江上虞县一个旧式书商之家,成年后在江西一个丘姓巨绅家教书,这位巨绅是个藏书家,罗振玉任西席的第三年,东翁突然去世。……于是这位书贾世子就精选出几筐'纪念品',内有百余卷唐人写经,五百多件唐宋元明的字画,满载而归。在这个基础上,他由刻《三字经》《百家姓》的书铺变成了古玩字画商。"实际上罗振玉家从曾祖父起,就定居淮安。他家原先是开当铺的。当铺亏折倒闭后,振玉的父亲为了躲债,离开淮安,先后就任江宁县丞、海州州判。罗振玉充塾师五六年,从未离淮安境。东家中有姓邱的,可能是当过县官的邱于藩。于藩字崧生,淮安籍,与振玉订交后,振玉常向邱家借书是实。戊戌政变那年,罗振玉延聘邱于藩主持东文学社。想来也不会有骗取书画古籍的事。

二、罗振玉爱好古物,多方搜集古物,手里的确拥有大量的书画古籍及青铜器之类的文物。而且有时也脱手卖与别人。旅居日本期间,更是靠卖字画古玩维持生活。但并不如有些人所说的他是一个古董商。认真地说,他是一个用功的学者。尤其是在传布文物古籍方面,贡献相当大。张舜徽先生在《清人文集别录》中写道:

> 近人言考古者,多宗师王国维,而不知推尊振玉。虽或言及,亦徒目为骨董收藏家,此殊不然也。以余观振玉毕生尽力于搜集史料及传印古书,有裨于儒林甚大。综其成就最著者约有七端:洹阳甲骨出土,最初印本,以刘氏《铁云藏龟》肇其先。实由振玉怂恿而为之编定。厥后振玉复出私藏,陆续印布《殷虚书契》前、后、续编及《菁华》诸书。并

撰成《贞卜文字考》《书契考释》，以发其例。条理秩然，启后人从入之途，此一事也。三代鼎彝款识，自宋人始加传拓，至清儒益臻赅备；然近世地不爱宝，新器日增。振玉既取前人所未著录者，共二千四十七器，先后摹写为《集古遗文》三编，后又并取已著录、未著录之款识，悉付影印，成《三代吉金文存》，蔚为巨帙，细大不捐。后人考证吉金刻辞者，不俟旁求，而遗文具在，此二事也。殷虚出土之物，自甲骨外，余器尚多。残石遗陶，皆足宝重。振玉既印成《殷虚古器物图录》，后又推此法以理董其他遗器，依类分编，陆续传布。若《古明器图录》《古镜图录》《隋唐以来官印集存》《封泥集存》《历代符牌录》《四朝钞币图录》《地券征存》《古器物范图录》《古玺印姓氏征》诸书，俱有助于考古。此三事也。

张先生从甲骨、钟鼎彝器、殷墟遗物明器等图录、石经、木简、敦煌古籍、内阁档案七个方面总结罗振玉对文化事业的贡献，既全面，又踏实，无赘述之必要。不过还想补充两点：一是罗氏在其自传性质的《集蓼编》中，说自己二十岁左右开始著书，尝刻有《存拙斋札疏》一卷，为俞樾采入《茶香室笔记》，经核对属实；一是《清人文集别录》载罗振玉文集共十一种二十余卷。其《丙寅稿》《丁戊稿》《辽居稿》《车尘稿》数种，皆著于王国维卒后。

三、罗振玉一贯爱才。早年办东文学社，不仅看中了王国维，对沈纮、樊少泉也很器重。及任武昌农校监督，同时召王国维、樊少泉充当翻译。沈早死。樊与罗家一直保持联系。据罗福颐见告:樊的长媳即其兄罗福成之女。刘鹗与罗振玉在淮安因讨论黄河水利问题相识,后来在上海极为接近,罗以长女许给鹗第四子大绅。光绪三十四年,刘鹗流放新疆,卒于迪化。大绅即依振玉,振玉并未因其家中落而稍有歧视之意。大绅终于毕业京都帝国大学而成材①。据容庚说:一九二二年夏天,他带着《金文编》手稿赴天津嘉乐里访问罗振玉。罗热情接待,一连和他谈了三四小时。鼓励他定要把书完成。并介绍他进北京大学研究所国学门。过了几年,《金文编》完稿后,罗氏又出钱代他印行。容庚又说:唐兰卒业商业学校,改学医,是在罗振玉的大力帮助下,攻古文字而获得成就的。② 至于商承祚,是罗的门生,罗所藏资料无条件供他研究,最后成为古文字专家。诸如此类的事实,充分表明:罗对王的友谊并不抱有其他目的。最近读到一篇论文,称罗王的关系是雇主与雇工之间的关系,王国维备受罗振玉的剥削。我认为这全是论文作者凭想象说出的话。为了证实我的看法,特节录部分王国维写给罗振玉的信③,以见一斑。王国维在信中称罗振玉为"先生"、为"公",罗振玉亦称王国维为"先生"。他们之间的情谊,介乎师友,而又不能说罗振玉以年纪长于王国维而以师或长者自居。

函一:

此次作《籀篇疏识》,初以为无所发明,便拟辍笔;及昨

---

① 以上多见《集蓼编》及《刘鹗年谱》。
② 见《甲骨学概况》。
③ 见《中国历史文献研究集刊》第一集。

晚将所录诸字细观一过,觉所发明者颇多。此事惟先生知我,亦惟我知先生。然使能起程、段诸先生于九原,其能知我二人,亦当如我二人之相知也。至于并世学者,未必以我辈为异于庄述祖诸人也。

函二:

此间学者仅乙老一人。此老于学问无不留意,亦无不研究。但从未动笔。致所心得者将来不免与生俱尽。若先生思捷而笔勤,世殆无第二人。使维得十年功力或可步后尘耶?

函三:

一别五月,公致书在箧中已盈半寸有余。维卷纸二束,亦已用罄。其中十分之八九,乃致公书。两人书中,虽有他事,而言学问者约居其半。中国恐无第三人。今日易纸作书,乃忆及之。

函四:

尊体大佳,甚慰甚慰。书来,言:"与病相忘,舍伏案外无他策。"然伏案决非所宜!先生平日所为学,于后人甚有益,而于自己甚苦。如录碑文及编纂诸事皆是。此等皆宜暂行停止;即考索一事,亦须检书,有时且不能自止,未免有

妨消化。消遣之法,以看画及阅《庄》《列》诸书或诗文集为
宜。……一二月间身体恢复,便可如常执务矣。

函五:

　初四日奉一书,想达左右。前昨两接手书,敬悉一切。
并蒙赐《榶伯彝》拓本,谢谢。此器想完全无缺,其价必在五
百金以上。此与祖、父、兄"三句兵"诚为希世之珍。陶斋
所藏,除数巨器外,不能及也。尊释 ㄓ 为弋,谓即忒、贰之
省;永疑卜辞中 ㄓ 字象㯱杙之形,或系弋字。此 ㄓ 字如为 𐌐
持 丿,则 丿 亦象㯱杙。惟不知此字究何所象,祈先生教之!

函六:

　《榶伯敦》𐤍𐤔 之 𐤔,先生释为 枼 字,至当不易。《攲
尊》世字作 𐤖,其铁证也。又可知 米 字与木同意,卜辞 米 字
甚多,皆言用牲之一法。先生前发见貍沉二字,则 米 殆庪悬
之意乎?

　总之,论人论事,应持公允。至于王国维是否为罗振玉所逼死,
另有专章述及,姑从略。
　其次,是沈曾植。曾植字子培,号乙庵,又号寐叟。据王蘧
常《沈寐叟年谱》:沈氏别号多达四十三,其余尚不可偻指。光

绪六年,沈氏成进士,在清政府中居官甚久。当他任安徽学使时,曾赴日本考察学务。他与张之洞较接近,同属于"清流派"人物。清流派是清同治光绪年间政府内部出现的一个政治派系。这一派为首的人是协办大学士、吏部尚书李鸿藻。其余为张之洞、潘祖荫、张佩纶、黄体芳、陈宝箴、文廷式等人。这一派的特点是好谈论时政,换句话说,他们对在朝廷手握大权的李鸿章非常不满,时常把矛头指向洋务派。另一个特点是他们虽属文人学士,却好谈兵。他们所恃的是科甲出身,对四书五经以及诸子百家,读得烂熟,动辄引经据典,讲得头头是道。因此,使得李鸿章对他们恨之入骨,曾经骂他们为"穷京官、烂名士"。可是这般穷京官、烂名士不可小视。他们在当时知识界享有崇高的声望。他们的言论,往往被看作舆论代表。就是那些真正当权的满族皇室中的王公大臣,也要利用他们来牵掣洋务派。

沈曾植最受王国维尊敬之处,也许是因为他是清流派中人物。据说,王国维爱读沈曾植的诗,尤爱他所写的《秋怀》及《陶然亭》二首,时常在口里吟咏①。《陶然亭》是沈氏三十六岁时在京的作品。原诗移录于次:

> 周秦贵贱士不遇,渔钓有约寻槃遁。后来人事多复多,二李、二王、盛、黄载酒时经过。鸡儿年秋谈士诧,此亭乃为齐稷下。中秋圆月照尊罍,坐听诸儒谈王霸。
>
> (原注:二李、二王、盛、黄谓李仲约、李悫伯、王幼霞、王

---

① 见《年谱》。

可庄,盛百熙,黄仲弢。)

老实说,诗没有什么了不起。它所以使王国维一往情深,就因为诗里反映了当时清流派聚集在陶然亭纵谈时势的情况,有似战国时期的百家争鸣。王国维是主张学术自由、向往着当年齐国稷下的盛况的。好景不长,不说百家争鸣不可得,就连清流派王霸兼陈的局面也不复出现。怎能不叫王国维感慨系之呢。

在戊戌政变中,沈曾植同情于康有为。辛亥革命后,他成为遗老群的中坚。终年楼居,好像不与外界接触,暗地却与遗老们时常在一起,还结社吟诗。所谓"超社",实际上无异宗社党复辟的组织,曾经选定溥仪生日那天集会。袁世凯聘他为国史馆编纂,他谢绝了。一九一七年张勋复辟,他兴冲冲地赶往北京,受溥仪任命为学部尚书。数日后复辟彻底失败,他从法华寺逃到美国使馆,与康有为作诗唱和,延至七月底才悄悄南下。

沈曾植这次借辞游金焦二山的秘密政治行动,是瞒着王国维的。可见在政治上他还没有把王国维看作"同党"。王国维知道复辟失败后,写信给罗振玉,认为"此行诸公恐只有一死谢国"。又说:"此次负责及受职诸公,如再在觍颜南归,真所谓不值一文钱矣!"话虽然这么说,但"不值一文钱"的沈曾植回到上海之后,王国维还是照样和他十分接近,甚至比过去更接近了。

王国维自从一九一六年初由日本回国,在上海停留的七八年中,往来最密的友人就是沈曾植。王国维集中以诗相唱和最多的,也是沈曾植。沈曾植大于王国维二十七岁,王对沈以前辈相待,沈则视王为忘年交。一九一八年二月,沈曾植七十岁生日，王国维临时得讯，送了明人画幅及林泰辅《论语年谱》二册做寿礼。并写了一首七言古诗，标题为《海日楼歌寿东轩先生七十》。稍后，又写了一篇寿序，论述清代从开国以来三百年中学术上的三次变化，最后以学术上继往开来的任务寄托在沈曾植身上。诗和文都对沈曾植恭维备至。

一九一九年，浙江省成立浙江通志馆，请沈曾植担任总编纂。总编纂之下分门别类有编纂多人。王国维与张尔田负责修撰掌故、杂记、仙释类。其余的编纂为朱祖谋、吴庆坻、叶尔恺、朱福清、金蓉镜、章梫、陶葆廉、孙德谦、刘承干等人。从社会地位上看，都是学术方面有点名气的人；可是政治上却都是居住上海的一批遗老。这些人经常在一起讨论工作，王国维与沈曾植更是时时见面。这时的王国维才算真正插足于遗老之中，沉溺于故纸堆里，不知人间为何世。

《清史稿》卷二百五十九沈曾植传称：沈"深于史学掌故，后专治辽、金、元史及西北舆地，南洋贸迁沿革"。这是实在的。沈氏为学甚勤，正如王国维所说："此老于学问无不留意，亦无不研究。""少年固已通国初及乾嘉诸家之说，中年治辽、金、元三史，治四裔地理。"前后著书四十余种，以《蛮书校注》《元秘史笺注》《蒙古源流笺证》《黑鞑事略注》最为有名。王国维、陈寅恪都是在他的影响下从事边疆历史地理研究工作的。可惜沈曾植晚年除作诗填词外，极少动笔。他的著作刊行的也不多。

王国维于一九一五年初方与沈曾植订交。他们是在音韵学上结成朋友的。王国维向沈曾植请教音韵学上的问题，受到很大启发。后来他在自己的著作中毫不掩饰地说某处"颇用沈说"。在其他学问方面，王国维则不以沈曾植为然。他曾经多次向罗振玉谈到这种看法。例如有一次是这样说的："乙老谈论，须分别观之，时有得失。得者极精湛，而奇突者亦多出人意料。"又说："此老于音韵功力不浅，识见亦极公平，不似对他学，时有异说。"当然，这些话他只有对罗振玉才会说出来。

沈曾植是老资格，但还有比他资格更老、光绪二年成进士的缪荃孙，也与王国维订交，而且交情也不错。

缪荃孙字炎之，一字筱珊，晚号艺风，江阴人。太平天国起义，他奉母侨居淮安，肄业丽正书院。后又入川，寄籍华阳，在总督吴棠幕下做事，同时帮张之洞编辑《书目答问》。《答问》是一本影响很大、便于初学入门的目录要籍。自《四库全书目录提要》以来，目录学成为一门显学。可是，编撰者大抵墨守成规，毫无创见。《答问》远远超出一般目录著作之上，因此在学术界享有盛名。我们知道：清代学术以考据学为中心。清代学者考证范围甚广，由经学到史学推及诸子百家。由此自乾嘉以后学术专著越衍越繁多。《答问》正好反映出这段时期学术研究方面新的水平。与此同时，鸦片战争后，欧风东渐，西学源源而来。守旧之士避之唯恐不及，把各种译著列入目录书中的绝无仅有。《答问》破例先行，正如鲁迅所讲的："连八股出身的张之洞，他托缪荃孙代做的《书目答问》，也竭力添进各种译本去。可见这维新风潮之烈了。"[1]现代学人中如陈垣等无不承认《答问》确有许多优点。很长时期，学术界就流传一种说法，以为《答问》出自缪荃孙之手。其实呢：缪荃孙仅仅是出过力而已。正因其协

---

① 见鲁迅《准风月谈·重三感事》。

助张之洞编撰《答问》,在这件事上出过力,从而奠定了做学问的基础。对他一生在目录版本学上取得较大成就,具有决定性的意义。

缪荃孙对校书刻书兴趣大,又勤快,经他校刻的书多而且好,人们都信得过。谁都知道读书要读善本书,做学问的人更加讲究版本。因为一本内容很好的书,被抄错或印错,内容很可能变了,甚至适得其反。所以有许多学者都看重校书这回事。久而久之,校书成为一门学问。缪荃孙就是清末这门学问的权威人士。他先后做过当时很著名的南菁、泺源、经心、钟山等书院的山长或主讲。又是我国图书馆事业的开创者之一。至今闻名全国的北京图书馆、江南图书馆,在建立的过程中,他都绞尽脑汁,流过汗水。

此外,缪氏对金石学也做出过贡献。著名打碑好手李云从、聂明光,长期在他身边,据说他一共搞了拓本目录一万八百余种,为金石学家中前所未有。

王国维从放弃做哲学家的理想后,便孜孜不绝地从事校书工作。有时候竟"以校书遣日"。经他亲手校批的古籍,近两百种,可谓富矣。笑枫同志从日本《东洋文库书报》上得知:有二十五种王氏手批手校的典籍,已被作为特殊本收入东洋文库。不能否认,王国维是在缪荃孙的影响下这样做的。最近,从新出版的《艺风堂友朋书札》中见到王国维写给缪荃孙的信,虽不到二十通,但王缪之间友谊已足见一斑。彼此在学问上切磋情形也不难借以窥其大略。

民国初年定居上海的缪荃孙,与遗老结社吟诗,以年长、资格又老,居于领袖地位。但他的光辉时代早已成为过去。

王国维停留上海七八年中,交游范围超出遗老之外,对他的事业关系很大的当数蒋汝藻。汝藻,字孟蘋,号乐庵,乌程人。是一位实业家,又是藏书家。他经营轮船、农垦,发了财,拿出大量的钱收购名家书画和各种珍贵古籍。一九一九年秋,他以二千二百元买了一部宋刊纂图互注本《礼记》,非常高兴。这样不惜重金,果然购进了许多难得到手的书。他藏书之所,叫作"密韵楼"。历年来他想把所有藏书一一审校,然后编撰为《密韵楼藏书志》。这件事本是要委托曹元忠办的,曹元忠是缪荃孙的学生,学问根柢深,目录学是其所长,但后来有别的事辞卸了。王国维正要觅一兼职,就承担了这个任务。生平以读书为乐的王国维,有机会读到蒋氏藏书,真是求之不得。

蒋汝藻这个资本家,与满身铜臭、附庸风雅的市侩之流略有不同。他不独藏书,且性喜抄书。对学者名流也知敬重。从一九一九年秋天起,到一九二三年夏初,王国维与他相处数年,宾主情投意合。据说,朱祖谋、张尔田这些人,也常到蒋家。蒋汝藻一边抄书,一边参加王、朱诸人的谈论,大家都感到很愉快。值得大书特书的是在蒋氏全力支持下,王国维从一九二一年初着手编订自己的学术论文集,即一九二二年八月出版的《观堂集林》。

《观堂集林》是王国维学术论文的代表作。王国维一生短短五十一年中,写作了六十几种学术论著。从鸦片战争到新中国成立历时一百余年,在这一百余年内,我国出现了许许多多的著名学者,若论著作之多而精,没有超过王国维的。但是,王国维的学术成熟期,一般公认为从三十六岁到四十五岁这十年内。《观堂集林》所收正是这十年内所作。因此,我们有充足理由认为这是他研究成果的结晶。王国维自己也是这样看的。他在编订成书后写给罗振玉的信中说:"要之精华尽于此二十卷。其余皆鳞爪,可不必存矣。"

《观堂集林》分《艺林》《史林》《杂林》三个部分。《艺林》八卷,包括经学、小学。《史林》十卷,包括历史、地理、制度等。诗词杂文归入《杂林》二卷。甲骨文、金文、木简、封泥、唐人写本及其他重要考证论文,大都囊括无遗。王国维统计为文一百七十篇。诗词六十七首。书名原来打算叫《王氏集林》或《永观堂集林》,最后定名《观堂集林》。此书出后,"王观堂"之名传遍国内,再无人提起"永观堂"了。"观堂"二字之由来,笑枫据刘大绅所作《观堂别传》考订系王国维居京都时自署住室"永观堂"之派生。

王氏去世后,先后出过两种全集,都把《观堂集林》列为全集第一种,但内容多寡和编排次第都与王国维亲手所订有出入。新中国成立后出的《观堂集林》,删去其诗词,另加《别集》二卷,最为无见。

我们倘若要了解王国维的学术成就,最好是从《观堂集林》入手。倘若要对王国维进行全面研究,那就非读全集不可了。至于要探索王国维的早期思想,不可不读《静庵文集》。不过,在学术上达到成熟期后的王国维,曾"取《静庵文集》摧焚之"。

在王国维的海上交游中,以富有藏书闻名的还有刘承干。承干,字贞一,号翰怡,出生于浙江北部丝业中心的吴兴县南浔镇。祖先以经营丝业致富，父亲刘锦藻成进士，好读书，有著作传世。刘承干继承祖业，有了雄厚的财力，也像蒋汝藻一样，以搜集书籍为志。据说，他的藏书量剔除复本尚达三万数千卷，仅方志就有一千几百种。"嘉业堂藏书楼"建筑在南浔刘宅附近，声名闻于海外，刘承干与王国维共事于浙江通志馆，友谊颇深。"相逢海上惊年少"，刘承干年纪不大，王国维拿明代顾阿瑛来比拟他。听说新中国成立后刘氏尚健在，藏书捐给了浙江图书馆。

王国维在上海研究学问，尤其是校勘古书，本不如旅居京都时期；自从与蒋孟蘋、刘翰怡为友，如鱼之得水，不愁没有充分的经过精选的资料供他利用。这也算是一种福分吧。

王国维在上海的友人，还有况周颐，不可不提。周颐原名周仪，字夔笙，号蕙风，广西桂林人。光绪五年举人，做过张之洞幕宾，与王鹏运、郑文焯、朱祖谋有"清季四大词人"之称。晚年在上海靠卖文为活。周颐家境贫寒，以填词为毕生事业，真王国维所谓"为文学而生活"者。清末民初，寓居上海的名流，大都曾经做过大官，宦囊不乏买山钱。所以清室被推翻，他们官虽做不成，仍不失为名流，借赋诗填词，消遣岁月。当然也不免要在诗词中发泄牢骚。这样的作品，其价值如何，也可想而知。况周颐所作《蕙风词》及《蕙风词话》不同于遗老们的也在此。王国维在同时代词人中唯独称赞《蕙风词》"沉痛""真挚"，认为比《强村词》境界要高。看来他的见解是可取的。况氏的生活实在太清苦了。并不富裕的王国维，有时就把自己的文稿送给他卖钱买米。也许是出于同病相怜吧。

第十二章　南书房行走

南书房,顾名思义是皇帝读书的地方。又简称南斋。地点在故宫乾清门西南。但它同时又带有皇帝私人秘书处性质。凡是在南书房供职的,都是进士、翰林出身,以学问淹博著名的人物。人数向来无一定。他们的职务是讲学、查书、吟诗、作画、鉴赏古物等等。属于"清班",即所谓文学侍从之臣。但是,取得皇帝信任的,也帮忙拟旨,或处理一些无关紧要的政务。溥仪的小朝廷,招揽一批文人学士充当南书房行走,目的固属装点门面,也未尝不是由于溥仪住在宫里过于闲寂,希望有几个读书人交谈的缘故。

一九二二年,清朝末代皇帝爱新觉罗·溥仪,年满十六岁,举行了婚礼。从此,算是成人。应当多和有学问的人接近,才显得皇帝年富有为。因此,第二年旧历三月一日,降旨:"杨锺羲、景方昶、温肃、王国维均着在南书房行走。"行走,就是入值办事的意思。"南书房行走",也算一个官名。王国维以"布衣"骤然做了皇帝身边的"近臣",这真是十分难得的"殊荣"。王国维固然是受宠若惊，与他往来的一群在上海作寓公的遗老，也无不为他高兴。遗老之中有熟悉"本朝"掌故的，于是就说这是从康熙年间朱彝尊之后从所未有的盛事，纷纷作诗道贺。

这件事，不少人说是出自罗振玉的推荐，实际不然。罗振玉是在相隔一年多之后，才入宫充当南书房行走的。荐举王国维的，是蒙古人、原陕西巡抚、督办陕甘军务的升允。升允为皇室死党，清亡国后，到日本进行复辟活动甚力。后居天津，依罗振玉。溥仪和他周围的人，比较能听升允的话。所以他上奏不久，王国维就进宫了。进宫不久，又"加恩赏给五品衔"，并"着在紫禁城骑马"。①

不过，认真地说，王国维仰荷"圣恩"，擢为侍臣，是别有来由的。不然，学懋行优的人甚多，怎么难达宸听呢？追溯渊源，应当从辛亥革命追随罗振玉避居海东说起。

"书声只在淙潺里，病骨全苏紫翠间。"定居京都后正在自得其乐的王国维，不知怎么忽然从海外雄都想到颐和园的拂水回廊、排云杰阁；又从颐和园联想到慈禧太后；更从慈禧太后联系光绪皇帝的隆裕后。越想越远，连当过江苏省封疆大吏的端方，也使他未能忘怀。好像硬是要证实他是名副其实的清朝遗民，他不惜雕肝琢肺、呕心沥血地写了三首自认为平生差堪自喜的长篇叙事诗，即《颐和园词》《蜀道难》《隆裕皇太后挽歌辞九十韵》。最长的《颐和园词》，是七言排律，共一百零八韵。从咸丰皇帝写起，开头几句是这样的：

---

① 见《年谱》。

汉家七叶钟阳九,颁洞风埃昏九有。南国潢池正弄兵,
北沽门户仍飞牡。仓皇万乘向金微,一去宫车不复归。提
挈嗣皇绥旧服,万几从此出宫闱。

咸丰帝奕𬣞为清帝国第七代皇帝,算他晦气,登基那年,太平天
国在广西桂平金田村起义。过了几年,英法侵略军又进攻我大
沽口。真是内忧外祸相联结。咸丰帝在兵马仓皇中出奔热河,
从此一去不复返。他的儿子载淳即位,慈禧太后母以子贵,实行
两宫垂帘听政。实际上大权掌握在慈禧手中。所以接着又说:

东朝渊塞曾无匹,西宫才略称第一。恩泽何曾逮外家,
咨谋往往闻温室。亲王辅政最称贤,诸将专征捷奏先。迅
扫槜枪回日月,八荒重睹中兴年。

把太平天国起义失败,都归功于慈禧的治国有方。就这样,接下
去写到颐和园的兴建:

因治楼船凿汉池,别营台沼追文囿。西直门西柳色青,
玉泉山下水流清。新锡山名呼"万寿",旧疏河水号"昆
明"。昆明万寿佳山水,中间宫殿排云起。拂水回廊千步
深,冠山杰阁三层峙。

我们知道:光绪十六年,醇亲王奕𫍽奉诏办海军。为了讨好慈
禧,特以海军经费修筑颐和园。颐和园的工程,历四年始成。园

中万寿山、昆明池，工程极大，还有许多宫殿，华丽无比，都是供慈禧一人享乐的。王国维在诗中写了一些历史事实，如慈禧清除端肃；也写了一些内廷制度，如说"本朝家法严无比，问膳曾无赐坐时"。还穿插许多宫闱琐事来点染篇章。但更多的是歌功颂德，说什么"五十年间天下母，后来无继前无偶"，把慈禧这个祸国殃民的咸丰帝小老婆，说成千古一人，可谓极贡谀之能事了。

《颐和园词》刚脱稿，首先得到罗振玉的"激赏"，立刻手写付石印。罗振玉手写付石印的目的，当然是分送散居国内外的遗老。遗老们拜读之余，还有不为之扬誉的吗？

《蜀道难》为同情端方而写。辛亥十月初七，端方及其弟端锦，在四川资中被由端方率领入川的鄂军所杀。杀后并将端方的首级盛以木匣，放入长江，顺流而下，直至湖北。诗中所写这件事的过程，大致与李劼人在历史小说《大波》中所描写的一样。说明事实是真实的，王国维没有记错。但是，端方值得这样同情吗？当然站在遗老的立场，《蜀道难》不失为诗史。

《隆裕皇太后挽歌辞》叙事翔实，遣词秾丽，也与《颐和园词》不争上下。

这三篇诗共同的特点，就是作者写诗的目的是供御用的历史学家提供资料，换句话说，王国维是以诗史的大手笔自居的。这一点，在《挽歌辞》的结尾已经表达清楚："千秋彤管在，试与诵斯篇。"

我们不要求王国维去写戊戌政变中流血牺牲的"六君子颂"，也不奢望他写甲午之战的《国殇》。我们只是觉得王国维完全没有必要写这些比樊增祥的《彩云曲》更等而下之的《颐和园词》及其他两篇。如果说作者只是为鞭挞袁世凯之流,借此说几句"那知此日新朝主,便是当年顾命臣"之类的话,发泄牢骚,那也很不像,因为诗中整个气氛与此迥然有别。同时,即使是旧史家、旧诗人,在执笔时,也要首先考虑立言的问题。所谓誉扬必须得体,掌握褒贬的分寸。连清朝皇室中的元老也不以为然的慈禧太后,王国维却大书特书,以天下母仪相许,看来他比旧史家、旧诗人都不如。

总之,这三篇诗除了暴露王国维的遗老臭味之外,唯一的好处,是为他后来当上南书房行走创造了条件。因此,我们说这是王国维进皇宫的远因,也是他堕落的开始。

再说点近事吧。作为上海遗老群中中坚人物的沈曾植,于一九二二年十月去世。王国维哀挽沈,写了如下联语:

是大诗人,是大学人,是更大哲人,四昭炯心光,岂谓微言绝今日;

为家孝子,为国纯臣,为世界先觉,一哀感知己,要为天下哭先生!

以"纯臣"推崇沈曾植,自然又要受到遗老的称许。因此,王国维在遗老中以"忠于故国"受到敬重,是毫无问题的。这样,不怕没有人在皇帝面前帮他说好话了。因此,他终于做了南书房行走。

王国维于三月奉诏,四月初就束装取海道北上。看来心情是比较急迫的。回顾一九一九年,北京大学拟聘他为文科教授,他坚决不干。后来经马衡多方劝驾，延至一九二二年研究所国学门成立，才勉强答应做通讯导师，并且说"近体稍屠，而沪事又复烦赜"，须"俟南方诸家书略整顿后再北上"。两相比较，是不是可以说，王国维热衷于做官呢？那又不尽然。他清楚南书房行走的职务是什么，他是想借此机会可以读到"秘中书"，可以见到"内府藏器"。对他的学术工作说来，确属求之不得。后来的事实充分证明他在清查景阳宫书籍及鉴定养心殿彝器上，十分尽心。

此外，王国维还以"内廷供奉"的身份写了不少"颂圣"的诗篇。诸如：

> 阅尽大千春世界，牡丹终古是花王。
>
> 一自天工施点染，画堂长作四时春。
>
> 天与人间真富贵，来迎甲子岁朝春。
>
> 天上偶然闲涉笔，都将康乐付垓埏。
>
> ——《题御笔牡丹九首》诗中句

这些作者逞尽才能的"佳句"，至今读来，只觉生厌。不知王国维当时是感到得意呢，还是把它归入无聊之作？

写到这里，自然而然地使我想起恩格斯论歌德的话：

> 歌德有时非常伟大，有时极为渺小，有时是叛逆的，爱嘲笑的，鄙视世界的天才；有时则是谨小慎微，胸襟狭隘的庸人。连歌德也无力战胜德国的鄙俗气；相反，倒是鄙俗气

战胜了他。鄙俗气对最伟大的德国人所取得的这个胜利，充分证明了"从内部"战胜鄙俗气是根本不可能的。歌德过于博学，天性过于活跃，过于富有血肉。因此，不能像席勒那样逃向康德的理想来摆脱鄙俗气；他过于敏锐，因此不能不看到这种逃跑归根到底不过是以夸张的庸俗气来代替平凡的鄙俗气。他的气质，他的精力，他的全部精神意向，都把他推向实际生活，而他所接触的实际生活，都是很可怜的。他的生活环境是他应鄙视的，但是他又始终被困在这个他所能活动的唯一的生活环境里。歌德总是面临着这种进退维谷的境地，而且愈到晚年，这个伟大的诗人，就愈是疲于斗争，愈是向平庸的魏玛大臣让步。

我们并不像白尔尼和门采尔那样责备歌德不是自由主义者，我们是嫌他有时居然是个庸人；我们并不是责备他没有热心争取德国的自由，而是嫌他由于对当代一切伟大的历史浪潮所产生的庸人的恐惧心理而牺牲了自己有时从心底出现的较正确的美感；我们并不是责备他做过宫臣，而是嫌他在拿破仑清扫德国这个庞大的奥吉亚斯的牛圈的时候，竟能郑重其事地替德意志的一个微不足道的小宫廷做些毫无意义的事情和寻找 menus plaisns(原注：法文小小的乐趣，转为花在各种怪癖上的额外费用)。我们绝不是从道德的、党派的观点来责备歌德，而只是从美学和历史的观点来责备他；我们并不是用道德的、政治的，或"人的"尺度来衡量他，我们在这里不可能结合着他的整个时代、他的文学前辈和同代人来描写他，也不能从他的发展上和结合他的社会地位来描写他，因此我们仅限于纯粹叙述事实而已。①

诚然，王国维不能和歌德比。尤其是他的气质，他的精力，与歌德完全不一样。他的天性也不如歌德活跃，他倒是向康德靠近，他钻进了故纸堆中，幻想建立一座学术的象牙之塔，好让自己藏身其中，与人世间隔绝。可是，在某些地方他实在太像歌德了。不仅仅因为他和歌德都属宫廷中的臣僚而已。歌德"在拿破仑清扫德国这个庞大的奥吉亚斯的牛圈的时候，竟能郑重其事地替德意志的一个微不足道的小宫廷做些毫无意义的事情"，王国维呢？一九二四年十一月，冯玉祥的国民军打进北京，解散了"猪仔国会"，成立新的内阁，并一举把溥仪赶出紫禁城。这种扫除奥吉亚斯牛圈的举动，人人拍手称快；小朝廷里的大小臣民，包括溥仪的父亲载沣王爷在内，全服服帖帖不敢说个不字。而这位地位远不如魏玛枢密顾问官的南书房行走，却表示无限"忠忱"，不但每天要到北府向被赶出宫门的"圣上"请安，而且还借故大放厥词，向北京大学愤然辞去通讯导师职务。又进一步提出连文章也不肯在"民国"的大学刊物上发表，要求"停止付排"。他在这个时候写给沈兼士、马衡的信，严肃表明他与民国划清界限，真不愧为清室的"贞臣"。为了证实王国维的一片"忠"心，我们把这封信一字不遗地移录如次：

　　兼士、叔平仁兄鉴：昨阅报纸，见北京大学考古学会保
　存大宫山古迹宣言，不胜骇异！大宫山古迹所在地是否官

---

①　见《马克思恩格斯全集》第四卷。

产,抑系皇室私产,又是否由皇室卖与洵贝勒,抑系洵贝勒自行购置,或竟如宣言书所谓强占,均有研究之余地。因洵贝勒之毁坏砖塔,而即谓其占据官产,已无根据,更因此而牵涉皇室,则尤不知学会诸君何所据也。至谓亡清遗孽擅将历代相传之古器物据为己有,此语尤为弟所不解。夫有明一代学术至为简陋,其中叶以后诸帝,尤不悦学,故明代内府殆无收藏可言。至珍异玩好,则甲申之变,已为"闯贼"搜括殆尽。明亡于是年三月,而太清世祖章皇帝始于十月自盛京入居大内,宫廷空虚垂六阅月,其间明之遗物,"闯贼"劫掠之所剩者,又经内监之隐匿,宵小之攘窃,殆无孑遗。故顺治初年,故宫遗物阗溢都市。吴梅村《读史偶述》诗云:"宣炉厂盒内香烧,禁府图书洞府箫,故国满前君莫问,凄凉酒盏斗成窑。"又《送王员照》诗云:"内府图书不计钱,汉家珠玉散云烟。而今零落无收处,故国兴亡已十年。"当日布棚冷摊情形如此,是本朝入关已后,未尝得明代之宝器也。其可谓历代相传之古器物者,近如国学之石鼓,稍远者如房山之石经,远者如长安之碑洞,皇室未尝据为己有也。其可谓历代相传之古籍者,惟内阁大库之书籍,多明文渊阁之遗,此于宣统初年,我皇上即以之立京师图书馆,其支流为今之历史博物馆,皇室未尝据为己有也。今日内府之所藏,皆本朝二百余年之所搜集,其大半购自民间,其小半得于臣工之所进奉,高宗纯皇帝御制文集题跋一类,与御制诗集注中,历纪其事,可复按也。故今日宫中储藏,与夫文华、武英诸殿陈列诸物(此二殿物,民国尚未缴价以前)以古今中外之法律言之,固无一非皇室之私产,此民国优待皇室条件之所规定,法律之所保护,历任政府之所曾以公文承认者也。夫以如此明白之私产而谓之占据,是皇室于实际上并未占据任何财产,而学会诸君于文字上已侵犯明白之私产矣。夫不考内府收藏之历史与优待条件,是为不智;知之而故为是言,是为不仁;又考古学会反对内务部《古籍古物保存法草案》意见书,于民国当道提取古物陈列所古器作疑似之辞,而对皇室无论有无,不恤加以诬谤,且作断定之语,吐刚茹柔,是为无勇。不识学会诸君于此将何居焉!又优待条件载:民国人民待大清皇帝以外国君主之礼。今宣言中指斥御名至于再三,不审世界何国对外国君主用此礼也?诸君苟已取销民国而别建一新国家则已,若犹是中华民国之国立大学也,则于民国所以成立之条件,与其保护财产之法律,必有遵守之义务,况大学者全国最高之学府,诸君又以学术为己任,立言之顷,不容卤莽灭裂如是也。抑弟更有进者:学术固为人类最高事业之一,然非与道德法律互为维持,则万无独存之理!而保存古物不过学术中之一条目,若为是故而侵犯道德法律所公认为社会国家根本之所有权,则社会国家行且解体,学术将何所附丽?诸君所欲保存之古物,欲求其不为劫灰,岂可得乎?即不然,强有力者将以学术为名而行掠夺侵占之实以自盈其囊橐,诸君所谓文献将全为斋粉者,将于是乎实现,不审于学术何所利焉?于诸君又何所利焉?二兄素明事理,于此宣言书竟任其通过发表,殆偶失之不检,故敢以意见陈诸左右。又弟此书乃以考古学者之格资,敬告我同治此学之友,非以皇室侍从之资格告大学中一团体也。知我罪我,弟自负责,无预他人。合并附告,伏乞亮察,并候起居不尽。弟王国维顿首。

再启者,弟近来身体屡弱,又心绪甚为恶劣,二兄前所嘱研究生至敝寓咨询一事,乞饬知停止。又研究所国学门导师名义,亦乞取销。又前胡君适之索取弟所作《书戴校水经注后》一篇,又容君希白抄去金石文跋尾若干篇,均拟登大学《国学季刊》,此数文弟尚拟修正,乞饬主者停止排印,至为感荷。国维又顿首。①

最后,我们认为:王国维死后,溥仪赐谥"忠悫",是恰当的。无怪乎人们要说他是殉清而死了。

不过,话又说回来,当人们提起歌德的时候,总是将他的名字和《少年维特之烦恼》《浮士德》联系在一起的。其次,才讲他在魏玛宫廷做枢密顾问官。我们可不可以像郭沫若同志那样先提"他留给我们的是知识的产物,那好像一座崔巍的楼阁,在几千年的旧学的城垒上灿然放出一段异样的光辉",然后再说他是遗老中的遗老呢?我想:应当这样。因为他学术上的成就是主要的,是有益于人民事业的。其次才是他落后的一面。

---

① 载《中国历史文献研究集刊》第二集。

第十三章　清华园里

　　五四运动方过，以提倡白话文闻名全国的胡适博士，竟迫不及待地跳了出来，踊跃高呼"整理国故"，大力宣传"中国办大学，国学是主要的"。这与他主张多讨论问题，少谈些主义一样，目的在于抵制新思想，防止马克思主义在中国广为传播。由于胡适属于新派，从新阵营中站出一员大将，说一句话，比旧的营垒中来的人物说千百句话，更有力量。因此，那几年研究国学之风，弥漫黄河上下、大江南北。国立大学，私立大学，与教会有关的大学，无不办起了国学院系。北京大学研究所有国学门，中国大学有国学系，厦门大学有国学院……此外，四川国学院，苏州国学会，天津国学研究社……更有如雨后春笋。打起国学这块招牌创立的刊物，也似百花竞放。与此相应的是一般名流学者，争先恐后，煞有介事，今天做国学讲演，明天开国学应读书目。好似中国固有的学术文化，久已乎被人忘却，一霎时觉醒过来，生怕迟走一步，国学这件瑰宝就会落到洋鬼子之手，一切都告休矣。在这茫茫大地中，唯有鲁迅看穿了名流学者的把戏，并嗤之以鼻。他认为这些人势必要将青年引入歧途。所以当有人要他指点一下青年须读些什么书的时候,他干脆回答说:向来没有研究,写不出来。而在《热风》里又讲到要谈国学,只有像《流沙坠简》那样才可以算得研究国学的书;王国维才可以算一个研究国学的人物。言外之意自然是不把胡适一流放在眼里。

谈到国学,谁都会首先想到国学大师章太炎先生。太炎先生早在清代末年,就边革命边讲学。一九〇六年夏天,刚从上海西牢里放出来,就东渡日本,在东京主编《民报》。同时,应留日学生之请,在东京牛込区二丁目八番地《民报》社一间旧房子内大讲其戴、段之学。后来又在大成中学教室里另辟课堂,每星期日清晨,在陋室中,师生六七人,席地而坐。段玉裁的《说文解字注》、郝懿行的《尔雅义疏》,就是教科书。章先生很随便,滔滔不绝,妙语横生,往往自晨至午,毫无倦容。当时听讲者有朱宗英、朱希祖、钱家治、周树人、周作人兄弟,及许寿裳、钱玄同等人。被呼为大姑爷的龚宝铨和董修武等是国学讲习会的发起人,更不用说了。汪东、黄侃、马裕藻、沈兼士,也是章门大弟子。不过,其中许多人,后来没有列入《同门录》。

太炎先生一生忙于政治之日多。辛亥革命后,虽然也常常讲学,但时讲时辍,似乎从政才是正经事。于是,讲习国学的任务,便轮到章门弟子了。

在五四运动之前,北京大学集中反映了全国学术界的情况:新旧两派,明争暗斗。蔡元培是一九一七年初出掌北大的。据说,前一年底,北洋军阀政府任命蔡做北京大学校长,蔡氏犹豫未决,后来孙中山极力赞成,他才就职。先是北大文科由林纾、马其昶、姚永概这般桐城派古文家主持讲坛。辛亥革命使政治形势一变,国内学术风气也随着大变。古文并不那样吃香了,乾嘉学派戴震、段玉裁,王念孙、王引之父子,钱大昕诸大家所讲究的小学、训诂、音韵,受到十分重视。当然,这与章太炎讲学东京有联系。于是,林纾、马其昶、姚永概先后离开北京大学。他们留下的席位,陆续由章门弟子取而代之。一九一五年,陈独秀一伙富于新思潮的青年学者,创办《青年杂志》,后又改名《新青年》,极力提倡新文化,抨击旧的思想、旧的文学、旧的风气。陈独秀、李大钊、鲁迅、周作人、钱玄同、刘半农、沈尹默、胡适以及理科方面的夏元瑮、李四光、任鸿隽、马寅初、顾孟余等,自然形成一派势力。钱玄同诸人甚至目"桐城"为"谬种",目"选学"为"妖孽"。由于新派受到新任校长蔡元培的支持,因此林纾曾致书蔡元培,横加责难;蔡元培也毫不退让地给予反诘。

向来有自由主义之称的蔡元培,以前清翰林兼革命党人的身份,充当北京大学校长,办学确与众不同。谁都知道,正是在蔡元培接长北大后,北大才成为五四运动策源地的。当时北大固然有时代的先驱陈独秀、李大钊、鲁迅等在播撒新的种子;却也容纳一些旧的代表人物。其中如刘师培,就一度热心革命,把名字改成刘光汉,与章太炎情同兄弟,后来又出卖革命党,投降端方。又如辜鸿铭,是老留英学生,十足的保皇派。平日身穿枣红宁绸马褂,头戴瓜皮小帽,脑后拖着一条小辫子,怪模怪样。刘教《说文》,辜教拉丁文,都不多事。

一九二二年北大开办研究所,共分四门,国学门是最耀眼的一门。北京大学图书馆的图书本来多得很,研究所成立,资料更多了。单是这一条就够吸引青年学子心向往之,何况它还拥有大批国内知名学者呢。国学门主任为沈兼士。马裕藻、朱希祖都是台柱。社会上"三沈二马",盛传一时。其实据身历其境的周作人回忆:沈家兄弟三人,老大沈士远,绰号"沈天下"①,只在预科教国文,国学门的事轮不到他。同样,马幼渔的四弟马衡,始终是讲师,地位不甚重要。在校外名气大,校内真正有发言权的,是所谓"卯字号"②人物,即陈独秀、胡适、朱希祖、刘文典、刘半农,亦即新派。正因其如此,代表保守一边的,不免常常发些牢骚。据说,其中以黄侃最大胆泼辣,有善骂之称。"八部书外皆狗屁",几乎成了他的口头禅。③

后于北京大学两三年,清华学校勃然崛起,兴办起国学研究院。

清华,外人通常称其为"赔款学校"。因为它是用美国退还庚子赔款余额办起的。

一九〇四至一九〇五年间,清驻美公使梁诚向美交涉,要求核减退还庚款,作派遣留美学生之用。一九〇七年美总统罗斯福宣布退还一半。于是从一九〇九年起,清政府成立游美学务处,正式招考留学生。梅贻琦、王世杰、秉志、赵元任、胡适、竺可桢等人先后被派往美国留学。不久,清政府又拨皇家占用的清

---

① 三沈指沈士远、沈尹默、沈兼士三兄弟,当时同在北大。沈士远在预科教国文,《庄子·天下篇》足足讲了一期,故有"沈天下"之称。二马指马裕藻(幼渔)、马衡。

② 陈独秀、朱希祖生于辛卯;胡适、刘半农、刘文典生于已卯。故人称其为"卯字号"人物。

③ 北大一度流行以柏梁体诗分咏校内名人。咏黄侃的一句是:"八部书外皆狗屁。"因其经常如此说。八部书指《毛诗》《左传》《周礼》《说文》《广韵》《史记》《汉书》《文选》。以上均见《知堂回想录》。

华园做肄业馆。一九一一年春,清华学堂正式开学。一九一二年改学堂为学校。

　　清华学校的诞生既与美国关系密切,因之历任清华校长都由外交部任命,实际上就是要征得美驻中国使馆同意。一九二二年四月,原任伦敦总领事的曹云祥出任清华校长,他是外交界名人颜惠庆的中表兄弟,手腕比较灵活,在清华任职最久。有一段时期,他想到商务印书馆当总负责人,清华学校内部钱端升这般人,就劝胡适当清华校长。追逐清华校长职位的人自然是很多的。因为清华每年有二百万左右的进款,甚至还可以增加。①有了钱就好办事。况且与美国有联系,不受国内政局影响。清华学校教授的待遇,也算优厚的。一般每月工薪三百至四百元,最高的五百元,又无折扣,每五年出国休假半年。

　　一九二五年下半年起,清华学校改为大学。与此同时,国学研究院也正式成立、开学。据赵万里说,一九二四年十月,胡适推荐王国维为研究院长。顾颉刚则说,是他向胡适谈起这回事的。由于溥仪被赶出故宫,王国维的南书房行走,连带变而为走出南书房,加之王国维又一气之下辞去了北大研究所国学门通讯导师职务,弄得每半年三百六十元的收入也挤掉了。所以这位对王国维慕恋之情十年如一日的颉刚先生要求他的恩师胡博士设法解决王家生计问题。② 不过,王国维并未立即到任,而是延至一九二五年正月,赶至天津,取得溥仪同意之后,才移居清华园西院。自然,王国维是不肯做研究院院长的,只允诺以导师

---

① 见《胡适来往书信选》。
② 见顾颉刚《我是怎样编写古史辨的》。

名义专任讲席。① 不过,研究院创办伊始,其他导师尚未到校之前,研究院主任吴宓常向王国维请教,王国维对院务多所擘画,也是有之的。

国学研究院为独立研究机构,与大学部教学无关。章程规定培养"以著述为毕生事业"的国学专门人才,学科包括中国历史、哲学、文学、语言文字等等。招生对象为大学毕业和"经史小学有根柢"的青年。学制则模仿英国,采取导师制。研究期限为一年。个别经批准的可延长二至三年。全部课程分"讲课"和"研究专题"。讲课强调讲治学方法及教师治学心得。研究期间强调学生自修,教师只站在指导地位。唯导师系由学生自己选定,"专从请业"。

清华校长考虑王国维既不愿担任院长,就以研究院筹委会主任吴宓为研究院主任。导师除王国维外,又陆续延聘梁启超、赵元任、陈寅恪三人。另有讲师李济,助教浦江清、赵万里。总共不过七八人。②

这七八人中,名气最大的是梁启超、王国维、陈寅恪。所以在学生中称其为"三巨头"。慢慢地社会上也这样传开去。我们现在就讲讲"三巨头"在清华园相聚的事吧。

先从梁启超讲起。比王国维大四岁的梁启超,一生中经历的道路,与王国维大不相同。我们在本书开头几节已略为提过。启超号任公,别署饮冰室主人。出生于广东新会熊子乡。十二岁中秀才,十七岁成举人。以后追随康有为读书,并从事改良主

---

① 见《年谱》。
② 见《清华大学校史稿》。

义运动。二十岁已名满全国。特别是在上海主持《时务报》时，文章议论，轰动中外。其时启超不过二十四岁。戊戌政变，逃亡日本，先后创办《清议报》《新民丛报》。在报上发表的政论文，成为当时舆论的主宰。作者其时仍不过三十岁。他是一位资产阶级启蒙运动思想家、宣传家。凭手里一支生花妙笔，建立了自己的声望。他那通俗而富有文采、曲折委婉而能尽如人意、笔锋常带感情的新体文章，造成很大影响。在同时代学人中，可说无与伦比。谨守桐城派义法的严复，出笔奥邃的章太炎，都不能不退避三舍。梁启超从公车上书、奔走强学会、直到参加云南起义，干过一系列政治活动。在变幻无常的政治风云中，算得是几起几落。每当政治上失败之后，他就郑重其事地宣言从此退出政治舞台，专门从事学术研究。例如一九一五年，他发表《吾今后所以报国者》一文，表示"自今以往，除学问上或与二三朋辈结合讨论外，一切政治团体之关系，皆当中止……"但过不了很久，他又自食其言了。他真正放弃政治生涯、献身于学术事业，是在五四运动后已年近半百之时。从一九二一年起，梁氏在国内举行巡回讲学。一九二五年方正式就聘清华大学国学研究院，过学者生活。

梁启超虽天资过人，在学术上取得一定成就，但成就并不大。他自己也不做过高估计，并曾经有过坦白可喜的自我解剖。他说：

> 启超学问欲极炽，其所嗜之种类亦繁杂，每治一业，则沉溺焉，集中精力，能抛其他；历若干时日，移于他业，则又

> 抛其前所治者。以集中精力故，故尝有所得；以移时而抛
> 故，故入焉而不深。

由于兴趣广博，所以不得专精。他尝题其女令娴《艺蘅馆日记》一诗，有两句是这样的：

> 吾学病爱博，是用浅且芜。

博而难专，浅则近芜，这是作为启蒙作家梁启超的短处。但也可以反过来这样看：启超学术上虽浅但广，虽杂但博，毕竟不失为"思想界的陈涉"。甚至有人比他为李世民、忽必烈。虽没有建国立业，但论其气势、规模，已足惊人。①

梁启超在研究院担任的课程是《中国文化史》《历史研究法》《儒家哲学》。在清华园两年出版了《古书真伪及其年代》《要笈解题及其读法》等书。

梁启超与清华学校的关系，也不是其他教授所能及的。只举一件事就足以说明清华对梁氏的尊敬。启超早先在学校以《君子》为题做过演说，提到"天行健，君子以自强不息"，又提到"地势坤，君子以厚德载物"。后此，清华即以"自强不息，厚德载物"定为校训②，希望毕业的学生，人人成为梁启超所说的君子。

清华研究院把梁启超、王国维、陈寅恪、赵元任的职称，定为导师，用意在于表明这几人的学术地位，高于普通大学教授。可

---

① 见郑振铎《梁任公先生传》。
② 见《清华大学校史稿》。

是,这几位导师却从来不认为自己有什么特别过人之处。即使在研究生面前,也是以礼相待。他们相互之间,更是客客气气,彼此尊重,在学问上学习他人的长处。以梁启超而言,这位少年时代已成为风云人物的老战士,对当年充当《时务报》小书记的王国维,绝不轻视。岂但不轻视,而且是恭而敬之。研究生有问题请教于他,他常说"可问王先生"。王先生呢,知道就回答,不知道就说"不知"。从这里可以看到两位学者的友谊是朴质的,深沉的,充满着静穆和崇高的。

他们相知恨晚,相处的日子也不太长。王国维从来没有意气风发的一天,而栖身清华园里的梁启超,用他自己的话来说,这是他一生中最为消沉的时候。他说:

> 我今年受环境的酷待,情绪十分无俚。我的夫人从灯节起,卧病半年,到中秋日,奋然化去。……半年以来,耳所触的只有病人的呻吟,目所接的只有儿女的涕泪。丧事初了,爱子远行。中间还夹着群盗相噬,变乱如麻。风雪蔽天,生人道尽。块然独坐,几不知人间何世? 哎! 哀乐之感,凡在有情,其谁能免? 平日意态活泼、兴会淋漓的我,这会颓然气尽了。①

这,可能是他们之间精神上更接近的一桩原因。他们在晚年才开始的醇酒般的友谊,终于成为一生一死之交。王国维自沉时,梁启超正卧病天津,不顾亲友的劝阻,坚决乘车到北京,料理王

---

① 见梁启超《痛苦中的小玩意儿》。

国维的丧事。还亲自与美国驻京使馆交涉:从优发给王氏家属抚恤金。又在安葬时,亲临墓地,发表墓前悼词。悼词和挽联所说的一样,对王国维的学术成就给予极高评价。

再讲陈寅恪,江西义宁(今修水)人,是梁启超在湖南时务学堂讲学时任湖南巡抚的陈宝箴之孙。父亲陈三立,字伯严,晚号散原老人,清末著名诗人,移家南京,徜徉山水,不问世事。寅恪留学各国多年,通晓英、德、法、俄、日文之外,还懂拉丁文、希腊文、梵文、巴利文、满文、蒙文、藏文、西夏文、突厥文等等。生平以学问为性命,快四十岁始娶妻成家。他从柏林大学毕业,受聘到清华园,因为是单身汉的缘故,在赵元任家里寄食。赵元任亦不过三十四五岁,和陈寅恪上下年纪。陈寅恪终年长衫布鞋,冬天着棉袍,外加马褂,棉裤下口用黑布扎住,头戴厚绒帽,脖子间围长围巾,样子像一个道道地地的乡下土老头儿。对一个不熟悉他的历史的人,乍见面谁也不会相信他是贵公子出身、货真价实的留洋学生。他和人谈话,就像老邻舍话家常,口里从不带一句洋文。仅仅是这种作风,也够那般以高等华人自居的假洋鬼子愧死。也许就是这些地方,与身着长袍马褂、脑后拖着长辫的王国维有共同之点的缘故吧,他和王国维成了忘年交。

陈寅恪样子虽然土头土脑,教起课来却使人惊奇。只讲他开的课程,名目上就不是通常所谓学者教授所能担负的。他在清华研究院讲《西人东方学之目录学》《梵文文法》,他指导研究范围是《摩尼教经典与回纥文译本之比较研究》《古代碑志与外族有关系者之比较研究》……他在研究院做导师时,就兼教大学本科的课。研究院停办后,长期在本科文史两系讲课,在中文系讲佛教文学、唐诗研究等；在历史系讲魏晋南北朝史和隋唐五代史。

　　王国维和陈寅恪都是把书当作第二生命的。日日夜夜，手不释卷。把联袂逛海王村书肆视同乐事，也是这一老一少唯一的消遣。陈晚年在广州中山大学已失明，犹著《柳如是别传》，其书最后部分有云：

　　　　章式之钰《钱遵王读书敏求记校证》补辑类记所载《钱曾传》，颇为详尽，兹不备引。读者可自取参阅。唯忆昔年寅恪旅居北京，与王观堂国维先生同游厂甸，见书摊上列有章氏此书。先生持之笑谓寅恪曰："这位先生（指章式之）是用功的，但此书可以不做。"时市人扰攘，未及详询，究不知观堂先生之意何在？特附记于此，以资谈助。

我想：在他们平日交往中，可能也谈到柳如是吧？王国维在上海不是为汪明然所刊柳如是尺牍并己卯湖上草题过诗吗？"莫怪女郎太唐突，蓟门朝士几须眉！"王国维和陈寅恪同样推重河东君咧。

　　值得注意的是，王国维临死写的遗书，有"书籍可托陈吴二先生处理"一语。陈就是陈寅恪，吴是吴宓，研究院主任。王生前说过："余毕生惟与书册为伴，故最爱而最难舍去者亦惟此耳。"那么把书籍付托陈氏，意义之深，可以想见。陈并没有辜负良友厚托，他对王国维的学问，是早已钻味甚深，神理相接的。我们看他为《海宁王静安先生遗书》写的序就知道了。这篇序作于一九三四年,内容主要论述王氏的学术成就,应该从三个方面去看。

> 自昔大师巨子,其关系于民族盛衰、学术兴废者,不仅在能承续先哲将坠之业,为其托命之人;而尤在能开拓学术之区宇,补前修所未逮。故其著作,可以转移一时之风气,而示来者以轨则也。先生之学博矣,精矣。几若无涯岸之可望,辙迹之可寻;然详绎遗书,其学术内容及治学方法,殆可举三目以概括之者:一曰取地下之实物与纸上之遗文互相释证。凡属于考古学及上古史之作,如《殷卜辞中所见先公先王考》及《鬼方昆夷玁狁考》等是也。二曰取异族之故书与吾国之旧籍互相补正。凡属于辽金元史事及边疆地理之作,如《萌古考》及《元朝秘史之主因亦儿坚考》是也。三曰取外来之观念与固有之材料互相参证。凡属文艺批评及小说戏曲之作,如《〈红楼梦〉评论》及《宋元戏曲考》是也。此三类之著作,其学术性质,固有异同,所用方法亦不尽符合,要皆足以转移一时之风气,而示来者以轨则。吾国他日文史考据之学,范围纵广,途径纵多,恐亦无以远出三类之外。此先生之遗书所以为吾国近代学术界最重要之产物也。

所谓"开拓学术之区宇,补前修所未逮",既指出王国维学术上与同时学人的不同之点,又给予了无懈可击的评价。

王国维之死,陈寅恪哀悼至深,先后撰写了挽词、挽联和纪念碑铭。

综王国维一生,早年得到罗振玉的器重,为他创造了最好的治学条件;晚年又与梁启超、陈寅恪为友,结成生死不渝的学问上的知己。这是人生最难得的事。王国维于朋友分上真是太幸福了!

清华园在北京西郊,原名熙春园,康熙年间开始建筑,与附近的颐和园、圆明园有海甸三园之称,风物宜人,四境清幽。自从设立清华学校以来,校园内弥漫着自由研究学术的气氛,这是王国维所理想的。再加以与梁、陈之恬静而温馨的友谊,所以在短短两年内,虽遭受爱子夭折的大刺激,王氏还是写了不少著作。他担负的课程有《古史新证》《尚书》《说文》《仪礼》。研究生对这位古貌古风的导师是十分尊敬的。像吴其昌、刘盼遂、戴家祥、徐中舒这些后来在学术上卓有成就的青年,经常在王先生身边,向他请教。

北京,是当时全国学术的中心。而北京大学研究所国学门和清华国学研究院又是全国学术界最为注目的两座高峰。自然形成了争妍竞爽的局面。一时论者认为清华胜过北大。例如:身在北大国学门的顾颉刚就说清华培养出来的人,学术水平在北京大学之上。类似的议论还不少。不过,包括顾颉刚在内,谁也没有指出为什么清华研究院高出北大国学门。我想:清华之所以独具特色,就在于它所研究的,就当时而言是近二三十年所发现的新学问,与从事研究自乾嘉学派以来的音韵训诂之学相比,前者是"开拓学术之区宇,补前修所未逮",后者仅仅"能承续先哲将坠之业"而已。"继往"与"开来"是有联系的,但又是有区别的。陈寅恪在《敦煌劫余录·序》中有这样一段话:

一时代之学术,必有其新材料与新问题。取用此材料以研求问题,则为此时代学术之新潮流。治学之士,得预此潮流者,谓之"预流"(借用佛教初果之名)。其未得预者,谓之"未预流"。此古今学术史之通义,非彼闭门造车之徒所能同喻者也。

回顾北大研究所国学门成立之初,聘请王国维为通讯导师,王在接受聘书之后写信给沈兼士,提出了如下几个研究项目:

一、《诗》《书》中成语之研究

二、古字母之研究

三、古文学中联绵字之研究

四、共和以前年代之研究

五、六朝迄唐蕃姓之研究(因日本人桑原隲藏已
　　从事于此而作罢)

从这些研究项目来看,王氏用意无非认为学术研究不应走前人的老路,当开辟新境界,夺取新成果。很早以前,他就有了这种认识。在《沈乙庵先生七十寿序》中,他谈到清代三百年间学术上有过三次变化:"国初之学大,乾嘉之学精,道咸以降之学新。"学术上的变化,是"时势使之然"。自认为处在时势剧变之中的王国维,安得不在学术上力求创新。

正是这"三巨头"把清华学术研究,导向新航程,使新学问不断成长。

第十四章　葬身昆明湖后

一九二五年夏,冯玉祥带兵出潼关,响应北伐军。北洋军阀统治下的北京城里引起了恐慌。王国维于旧历五月初三在颐和园昆明湖投水自尽。

陈寅恪于王国维自沉后七年,为王国维遗集作序。序中论述其学术成就之外,还有这样一段话:

　　世之人大抵能称道其学,独于其平生之志事,颇多不能解,因而有是非之论。寅恪以为古今中外,志士仁人,往往憔悴忧伤,继之以死。其所伤之事,所死之故,不止局于一时间、一地域而已。盖别有超越时间地域之理性存焉。而此超越时间地域之理性,必非其同时间地域之众人所能共喻。然则先生之志事,多为世人所不解,因而有是非之论者,又何足怪耶? 综揽吾国三十年来人世之剧变至异,等量而齐观之,诚庄生所谓彼亦一是非此亦一是非者。若就彼

此所是非者言之,则彼此终古莫由共喻。以其互局于一时
间一地域故也。呜呼,神州之外更有九州,今世之后更有来
世。其间傥亦有能读先生之书者乎?如果有之,则其人于
先生之书,钻味既深,神理相接,不但能想见先生之人,想见
先生之世,或者更能心喻先生之奇哀遗恨于一时一地,彼此
是非之表欤?

所谓是非之论,就是关于王国维的思想为什么那样反动? 对已
经亡国的清室为什么那样眷恋不已,继之以死? 这些议论,从王
国维自沉的消息传出后,直到陈氏执笔作序,犹言人人殊,莫衷
一是。因此,陈氏认为:这个问题恐怕只有期待国外人士及后世
学者来解答了。

事实证明:陈寅恪的估计错了。王国维去世迄今已逾半个
世纪,对他的评论,依然成为问题。征之国外,亦未见合乎事实
的公允之论。是不是这个问题真的是一个难解之谜呢? 在对此
未做出答案之前,且先看看最近出现的一些具有代表性的议论。

已故历史学家吕振羽,陷身冤狱时,写过《咏史百题》。其
咏王国维一首如下:

甲学观堂集苦劳,乾嘉末学越前茅。诔词妄夸拟马列,
流派怎能溢段姚。北海自沉忠悫谥,故宫朝拜发辫翘。宽
原岂掩阶级性,论评肯允休虚褒。①

① 见《文献》一九八〇年第一期。

吕氏于吟咏之事，盖未入门。然此诗大意尚可寻绎。即王观堂是属于保皇派，虽对甲骨学做过贡献，评论也要中肯，不能宽予褒扬。

蔡尚思教授在《中国传统思想总批判》一书中，首先说"代表封建主义的孔学，和代表资本主义的西学，几乎无一相近相通之处"，接着论及清末、民国人物，大贴标签，谓某某为社会主义者，某某为民主主义者，于王国维则定为"近代纯儒"，划归叶德辉、徐桐、陈作霖一类。不仅与事实不合，而且以著书论，作者未免自乱其体例。何则？因为书中说康有为晚年虽"力倡孔教，谋复故辟"，是"极端的传统思想者"；但在清末从事维新运动，还不失为西化者。梁启超亦然。又章炳麟晚年附北洋军阀，提倡尊孔读经；而在清末，"几乎是部分传统思想的反对者"。书中还提到卢信，由于二十四岁时，著过《人道》一书，要打倒中国固有的一切；所以虽在北伐后极力主张保存中国固有的一切，也不算是"标准的传统思想家"。既然这些前后判若两人的人物，都不能算是标准的传统思想家，为什么王国维独独列于例外？王国维从二十二岁起，全力以赴向西方学习。早期所发表的有影响的著作，无不表明是在叔本华哲学思想指导下写成，与传统思想毫无共同之点。他的《静庵文集》，其中不少"离经叛道"之论，甚至被列为禁书。三十六岁起，思想才退化。但一生中从未提倡尊孔。难道有这样的"纯儒"吗？我怀疑蔡先生是否读过王国维的全部著作？如果读过的话，不会著书如此自乱其体例！

　　还有,周传儒教授先后在《社会科学战线》及《历史研究》上发表长篇文章,极力赞扬史学大师王国维。可是,把王国维的生平讲错许多,特别是对王国维的学术渊源似是而非地妄做论断。这哪里还有什么说服力呢。

　　像这样一些议论,如果详为罗列,本书篇幅,势必增多两倍。而且实无必要。总的说来大都承认王国维在学术上有一定的成就,但是认为他是属于封建社会中人物。结论是不宜过多地肯定。或者还是照郭沫若同志很早以前所说的:"王国维研究学问的方法,是近代式的,思想感情是封建式的。两个时代在他身上起了剧烈的阶级斗争,结果是封建社会把他的身体夺去了。"这种论调,比较稳妥。似乎世界观与方法论之间的矛盾,足以定其是非。

　　我们认为对王国维的评价,并不是一个难题。首先,要以唯物主义思想做指导。不为一切权威的成说所局限,也不要被一些表面现象所迷惑。其次,要认真通读王国维的著作,不要人云亦云,即使是王国维的亲属、友人、门弟子的话,也要分析和核实。有些议论,其所以近于武断、臆说,或毫无说服力,就在于没有深入研究王国维的生平历史,更没有钻研王国维的全部著作。因此,以蔡周两先生之学识渊博,而又亲炙王国维的言论风采,其议论也不全面,不深刻,不合乎事实。至于那些仅仅知道王国维拖着长辫自投昆明池而死的人,那就根本谈不上评议了。

　　姑以王国维是不是"标准的传统思想家"即"纯儒"为题,试行探讨。

先看看王国维的履历：

一八九八年　廿二岁

　　到上海，入《时务报》当校对。

　　同时在"东文学社"学日文。

一九〇一年　廿五岁

　　在武昌农学校当日文翻译。

　　同年赴日本，入东京物理学校。

一九〇二年　廿六岁

　　在上海南洋公学东文部任事。

　　同时学英文。

　　又为《农学报》译农业书籍。

　　兼任《教育世界》杂志主编。

一九〇三年　廿七岁

　　在通州师范学校任教习，担任心理学、论理学等课程。

　　同时攻读西方哲学，尤爱叔本华之书。

一九〇四年　廿八岁

　　在苏州师范当教习，担任心理学、论理学，社会学等课程。

　　用叔本华哲学和美学观点著《〈红楼梦〉评论》。

　　又发表《叔本华与尼采》等论文。

一九〇五年　廿九岁

　　先后刊行《人间词》。

　　在《教育世界》杂志发表《论近年之学术界》《论新学语之输入》等重要论文。《论近年之学术界》一文，热烈称赞战国百家争鸣,以为汉武帝提倡尊孔,遂使两汉思想停滞。直到印度思想(佛教)输入,六朝至唐,思想转活跃;宋以后,道统之说起,学术思想又一如两汉,停滞不前。最后谈及近年来西学东渐,乃学术上一大转机。《论新学语之输入》一文,介绍了西洋人分析与综括的科学方法。

一九〇六年至一九〇七年　卅岁至卅一岁

在学部总务司行走。

撰《奏定经学科大学、文学科大学章程书后》。

《书后》是王氏一生极重要的著作,公开抨击"中体西用",大声疾呼"今日之时代已入研究自由之时代"。

又说:"今日所最急者,在授世界最进步之学问之大略,使知研究之方法。"

一九〇八年　卅二岁

充京师图书馆编译。

又充名词馆协修。

一九〇九至一九一一年　卅三岁至卅五岁

从事戏曲研究。

出版《人间词话》。

从以上履历看,三十六岁前的王国维,是清末向西方寻找真理之一员。他积极地刻苦地学习了西方的语言文字,以及自然科学、哲学、文学方面的知识,并且以西方的学说作为理论依据,对我国的文学和教育进行了评论,同时又运用西方的科学方法整理我国古代戏曲。他的某些言论，如《论近代的学术界》及《奏定经学科大学、文学科大学章程书后》，不但不是标准的传统思想家的言论，而且是与传统思想相对立的。哪里有一个高呼学术自由、反对道统的"近代纯儒"呢！我们的看法是：王国维研究学问的方法是近代式的，他早期的思想感情也不是封建式的。

那么，他平日在生活实践上以遗老自居，晚年又充当宣统的南书房行走，最后拖着长辫自杀又怎么解释呢？总算是"封建的"了吧？

是的，人生的道路是曲曲折折的。蔡尚思在《中国传统思想总批判》一书中提到许多清末民初知识界代表人物，如康有为、严复、章炳麟等，他们的一生行事，前后判若两人。这充分说明处在新旧交替、错综复杂的历史阶段的各阶层人物，尤其是有产阶级出身的上层知识分子，他们的思想意识，随时随地都在迅速转变。有的由落后变成先进，有的又由先进变成落后。一个正面人物，不一定总是站在正确的一边；一个反面人物，在一定的条件之下，有时候也能做出几件好事。实际生活中存在的逻辑，往往比书本上写的更为丰富、更为生动。一切都依时间、地点、具体条件为转移，这就是人生。我们的古人，似乎看到了这一点，所以有"盖棺论定"之说。实际上在相对稳定不变的社会环境之下，棺已盖论犹未定的事多得很。那么在政治斗争十分激烈、社会情况瞬息万变的革命时代，人的思想行为早晚不同，又有什么稀奇可怪的呢？近代思想史告诉我们："人们常常是早晨刚从封建古书堆里惊醒过来，接受了梁启超式的资产阶级思想的洗礼，而晚上却已不得不完全倾倒在反对梁启超的激进的革命思想中去了。""同一人物，思想或行为的这一部分已经很开通、很进步了，另一方面或另一部分，却很保守、很落后。政治思想是先进的，世界观可能仍是唯心主义；文艺学术观点可能是资产阶级的，而政治主张却依旧是封建主义。"①诸如此类，不一而足，难道我们看得还少吗？王国维这个人，既不是生活在真空里，当然也不例外。

辛亥革命，王国维追随罗振玉举家迁居日本。在治学上发生大转变的同时，政治思想上也转了一个一百八十度的大弯。我们在谈到他写《颐和园词》时，已经指出这是他政治思想的走向堕落。而正是因为他的堕落，受到了遗老群的无比赞赏。由此他才获得进宫擢为文学侍从之臣的机会。等到当了南书房行走、赏赐五品衔之后，更是由衷高呼吾皇万岁，甚至不惜肝脑涂地以报答主知。此时的王国维，已堕落至无底深渊之中，再不能得救了。

这是过去认真向西方学习的王国维；就是这个王国维完完全全被周围环境所征服了。

我们评述近代史上的人物时，应当清醒地看到人物的多面性、复杂性。但是，我们在衡量他们在历史上应居什么地位的时候，就必须实事求是，根据他们一生中最主要的活动在客观上所起的作用和影响来决定。

―――――――――――

① 见李泽厚《中国近代思想史论》。

那么,我们对王国维在历史上应居什么地位这一问题的看法怎样呢? 首先明确地说:王国维绝不是"近代纯儒"。他是一个具有西方没落资产阶级世界观、在政治上非常保守的专门学者。他在学术上做出过贡献。对这种学术上的贡献,应该给予充分估计。

为什么说王国维具有西方没落资产阶级的世界观,而不说是封建地主的世界观呢? 正当世界观形成时期的青年王国维,也是他努力学习西方,成为叔本华的信徒的时期。他后来虽然放弃了哲学,但是始终没有摆脱叔本华的影响。这些,本书在前面几章已经讲了不少;本节开头又重复提到王国维三十六岁前的履历,无非是想再一次唤起读者注意,知道王国维确是属于西方资产阶级系统的,与封建地主式的士大夫完全两样。三十六岁以后,他由文学转变到史学方面,专心致志从事研究新发现的殷墟甲骨、西陲木简、齐鲁封泥,以及敦煌写本残卷等的时候,也看不出他与传统学者有什么契合无间之处。相反地,他的全部学术研究足以证明"他是很有科学头脑的人,做学问是实事求是、丝毫不为成见所囿,并异常胆大,能发前人所未发,言腐儒所不敢言"。① 即使是他晚年成了宫廷侍臣,表现百分之百忠于皇室,居然写下给沈兼士、马衡那样的信的时候,也还是从资产阶级法学观立论阐述他的理由的。不要认为这是为他的皇上说话,就断言是"封建的"思想感情。至今英国议会也还有维护英国女皇利益挺身而出充当辩护士的。谁能说这是站在封建立场说

① 见郭沫若《历史人物》。

191

话呢？也许这就是陈寅恪所说的神州之外或有人能喻其意吧。

当然，说王国维的世界观，是西方没落资产阶级的世界观，其主导思想，是叔本华式的主导思想，并不等于说在王国维的脑子里完全没有其他的思想。比如说老庄哲学，佛教哲学，以及传统的儒家学说，也或多或少地存在。他在《〈红楼梦〉评论》中不是劈头就引用老庄的话吗？

我们只有弄清王国维的世界观之后，有些问题才好解释。不然仅仅说些世界观与方法论之间的矛盾在他身上作怪，还不能令人信服。例如：王国维之死，曾经引起议论纷纷，有如陈寅恪所说，此亦一是非，彼亦一是非。到底他是为什么自沉于昆明湖的呢？我曾经说过，如果不从内因，不从王国维的世界观、人生观去寻找答案，那么许许多多外因说就随之而起。牵强附会、似是而非的死因论者只会越来越多。我列举了四种说法，加以分析，并分别排除之。①

第一种说法是殉清。清华学校校长曹云祥第一个公布王国维的死讯时就说："王静安先生自沉颐和园昆明池，盖先生与清室关系甚深也。"主张这一说的人较多。我们并不否认王国维与清室的密切关系。但是与清室关系较王国维更为密切的不知若干，却没有一个殉节而死的。所以郭沫若所说的话，我们不能不郑重考虑。他说："真正受了清朝深恩厚泽的大遗老们，在清朝灭亡时不曾有人死节，就连身居太师太傅之职的徐世昌，后来不是都做过民国的总统吗？而一个小小的亡国后的五品官，到

----

① 见拙作《关于王国维的功过》，载《读书》一九八一年第八期。

了民国十六年却还要殉节，不真是愚而不可救吗？……他临死前写好了的遗书，重要的几句是'五十之年，只欠一死，经此世变，义无再辱'。没有一字一句提到了前朝或者逊帝来。这样要说他是殉节，实在是有点说不过去。况且当时时局即使危迫，而逊帝溥仪还安然无恙。他假如真是一位愚忠，也应该等溥仪有了三长两短之后，再来死难不迟。他为什么要那样着急？"①

第二种说法出自加拿大籍华裔学者叶嘉莹。她认为王氏所殉并非清王朝，而是当时自以为已然来临的中华传统文化的总崩溃。② 诚然，王国维是视学术文化为性命的。他早说过"国家与学术为存亡"。但是，"于学术所寄之人"还健在的时候，学术就不会亡。③ 自己先死了，是自亡其学术。这也说不通。多灾多难的中华民族，几经浩劫，传统文化，何尝崩溃！这是作为史学家的王国维凭亲身经验也能知道的事。他为什么会自以为传统文化总崩溃已然来临呢？此说无论如何难以成立。

第三、第四两种说法大同小异，都认为是罗振玉逼迫王国维致死的。郭沫若和溥仪力主此说。但他们所罗列的事实，实在经不起驳诘。

在王国维的死因问题上，我提出了自己的看法。我以为叔本华的悲观主义的人生观，是王国维自沉的最根本的原因。我还说到王国维一身多病，脚气病既未脱体，死之前数月，又严重

① 见郭沫若《历史人物》。
② 见周汝昌《美红散记》。
③ 见王国维《沈乙庵先生七十寿序》。

咯血。疾病的痛苦，更加重了他决定结束自己生命的因素。一切好像燃烧所需要的条件，无不齐备，只要不管从哪里来一星点火花，就会即刻造成熊熊之势，引起一场大火灾。所谓时局的动荡，爱子的夭亡，生计的煎迫，知己的龃龉，或者别的什么事情，都不过是"一星点"导火线而已。

有人否定我谈死因时所提及的疾病折磨不容疏忽，认为王国维的脚气病未为大患，说："可以设想，如果王国维终年病缠身，如何能在学问上做出惊人的成绩呢？"①这，并不能驳倒我。有许多学者都是长期带病工作的。鲁迅先生就是其中的一个。大概病不发作时，痛苦不大，可以照常做事；发作后如未能及时控制，牵延一定时间，也是常事。在此期间，有时也可以坚持工作，不过痛苦终难忍受。

在讨论王国维的死因时，大家发表了很多意见，并举当时人的话为证。但对王氏"自沉之前"与容庚的谈话，从来没有人提到。容庚在《甲骨学概况》中这样写道：

> ……自沉之前曾过访余，谈及共产党枪杀叶德辉事，颇致忧郁。时先生方垂长辫，共军来，不畏枪杀，而畏剪辫也。余以不至于是慰之。自沉之日，其家人不知，来问：王先生在否？次日晨来报死讯。急往颐和园鱼藻轩，先生之尸在焉。

从这一段记载来看，时局对王国维的冲击是很大的。同时，王国

① 见《读书》一九八二年第一期 153 页。

维对共产党完全误解了。值得注意的是他并不怕死,所怕的是受辱。这与遗书所说"经此世变,义无再辱",完全一致。因此,引"士可杀而不可辱"这句古话,把王国维的思想感情解释为封建士大夫的思想感情,是顶合适的。可是,过细想想,觉得这样对待问题,未免稍嫌轻率,过于简单化。如果我们联系王氏一生行事及其在著作中常常透露出来的观点的话,就会认为在王氏心目中剪辫子的问题,不是一般性受辱的问题,而是关系到"人的尊严不可侮"的问题。所以他看得比死更重要。

为什么辛亥革命过去了十有余年,许多真正的遗老,在张勋复辟破产后,都剪去了讨厌的猪尾巴,王国维偏偏留着它呢?溥仪的辫子,在他的英文教师庄士敦于一九一九年进宫以后不多时就剪掉了。溥仪的父亲载沣王爷剪辫更要早些。① 紫禁城里的王公大臣,留辫的仅是少数。这是身为南书房行走的王国维看在眼里的事实。因此,把留辫看作是不忘清室的表示,实在有点说不过去。与其说王国维的辫子代表着他的遗老身份,毋宁说这是和陈寅恪穿长袍大马褂一样,完全是个人爱好的象征。在一个资产阶级人文主义者心目中,人,应该有这一点自由。连这一点自由也没有了,那只能说是人的尊严受到了侮辱。

深受西方哲学陶冶的王国维非常清楚,文艺复兴带给人类社会最大的希望就是"人"的发现。作为一个"人",首先是意识到自我独立存在,不是为着别的什么而活着的。这种人文主义思想,在王国维的时代,感染了许多的男女青年。甚至曾经在一

---

① 　见溥仪《我的前半生》。

定的范围内,起过反封建的作用。不用说,它早已浸透王国维的灵魂。更不用说,叔本华的唯意志论,尼采的超人学说,更进一步加强加深王国维的自我意识。人,当以人之道待人。人的尊严神圣不可侵犯。这些话,王国维很早以前就大声说过。我们只要翻开《静庵文集》中的《论近年之学术界》一看,就得承认王国维有时为了忠于他的信念,不惜站在封建主义的对立面。因此,他宁愿以死来卫护"人"的尊严。他宁可拖着长辫死去,不愿活着被人强迫剪辫。资产阶级悲观主义者、西方人文主义者的王国维最后就这样结束了他的一生。

《王国维评传》后记

　　新中国成立之初,我以而立之年,担负着今天看来显然是绝不相称的职务。因此,往往弄得焦头烂额,吃力不讨好。夜阑人静,一灯独对,未免想起故居束诸高阁已久的藏书:什么时候才能让我重整旧业、抚弄那些冷僻无人过问的龟甲兽骨文字呢?十年动乱,身罹浩劫,死里逃生的我,心念:这是还读我书的时候了。可是,书在哪里?平生视同性命的线装善本、世界名著,甚至连孩子们的课外读物也和心血浇成的手稿一并化为乌有。书生积习难除,这时当年那股不惜典尽春衣置书的怪脾气又上来了。就是为了打发日子,也非买点书不可。于是拜托师友,广为搜购。手边恰好保存邓恭三先生复我的信,他说:刚从江西回到北京,去过海王村,我所要的书,可遇不可求。其余的人,就连信也懒得回我。正在独居无聊、忽忽如有所失的时候,孩子们的朋友,居然给我送来了几本《观堂集林》,真似如拾重金,如睹故知。惊喜之余,忽又心事重重:丽莉不是为找此书,访遍福州书肆吗?红卫兵不是发现我枕头边有此书而大发雷霆吗?孩子们的朋友不是诉述冒着风险才保全此书吗？呜呼！《观堂集林》，想不到汝与我一生祸福相连！从这一刹那起，我发愿要写《王国维传》。然而，愿虽发过，真的要动笔，谈何容易。二三知己，闻知此事，好意相劝：前车之鉴不远，何必呢。纵使书成，谁来出版？孩子们也要我写点别的什么，千万莫自讨麻烦。"世事茫茫难自料，春愁黯黯独成眠。"谁知这几年中报刊上讨论有关王国维的文章竟有如雨后春笋。好事之徒，且一再鼓励我：快动手，莫迟延！偏偏是在这一年内，奔驰南北，出席这样那样的学术会议，迄无暇日。等到行踪甫定，又课务缠身。无可奈何，只好朝一锤、暮一锤地做点零活。抢在寒假，紧敲几回，终于做出了毛坯。锻炼工夫是来不及了，哪里还谈得上什么火候。春分之夜，检视一通，修补修补，不禁百感丛生。成诗一首，聊当结束语：

垂老移家羊牯来，心怀余悸未全灰。

蠹鱼食字宁吾愿，甲骨凿空见此才。

等是称臣钦格代，岂无遗憾葬蓬莱？

人间须信思量错，振臂中华望眼开。

又，在成书过程中，承唐圭璋、戴家祥、谢狱、羊春秋、彭岩石及已故罗福颐诸先生大力支持，不胜铭感！尤以海宁许逸云先生，素无一面之交，祁寒溽暑，不辞辛劳，往来沪杭，代查资料。云天高谊，如何能忘。谨在此并申谢意！

一九八二年春分后二日于羊牯塘湘潭大学宿舍

甲骨文史话

一　有字的"龙骨"①

　　我们知道,商代刻有文字的龟甲兽骨是清朝末从安阳西北五里小屯村出土的。这里是古文献记载的"殷虚",那些古代卜占所用的有字甲骨通称殷墟甲骨。

　　关于甲骨文的发现,长期流传这样一个故事:公元 1899 年,即清光绪二十五年,北京城里国子监祭酒②王懿荣生了病,延请太医诊脉处方,随即打发家人从中药店拣回两帖药。王氏在药中发现一味不寻常的药——龙骨,一时好奇心起,一看,龙骨上面刻着文字。所谓龙骨,本是埋藏在地下的古代动物的骨头。

① 龙骨(Dragon Bones)是中药的一种。我国汉代医书《伤寒论》及《金匮要略》已将它写入方剂。明代李时珍的《本草纲目》曾详载其性能及用途。实际上,龙骨是古代动物骨头的化石。另有龙齿,是古代动物的牙齿化石。我国北方中药店里的龙骨和龙齿,大多数是新生代第三纪的三趾马化石,以往大都把它当作药物给病人吃掉了。安阳小屯出土的龟甲兽骨,在 1899 年以前也有同样情况。当地人把它当作药材,用来治疮。后来又卖到中药店。每年,当地农民摘收棉花完毕,在大约四十亩宽的地里采掘龙骨。
② 国子监即当时全国唯一的大学,祭酒相当于大学校长。

用来作药,有涩精补肾之功。可是,眼前这几片龙骨为什么上面
刻着文字呢?王氏原是金石学家,素有考古癖好。如今,面临这
几片龙骨,他自然要寻根问底,探出一个究竟。好容易被他打听
出来:原来北京城里几家著名的中药店,凡是龙骨这味药材的货
源,一向都是从河南、陕西、甘肃等地由药材经纪商贩运。目前
上面带字的"龙骨",正是有人从河南带到北京的。经过一段曲
折,王懿荣终于找到山东潍县一个姓范的骨董商人,他正是有字
的"龙骨"的直接搜购者。王氏要商人把采购的带字"龙骨"送
到他的公馆,自然价钱是很高的。不久,姓范的商人就给他送来
大约二三百片刻有文字的"龙骨"。

这个故事很生动,流传很广,但对它要做具体分析。王懿荣
因生病,在从药店拣来的药中偶然发现有字的"龙骨",这是传闻,
不可信。因为经过调查,北京的中药店按医生处方拣出的龙骨,
一向都是先捣碎再包装的。从捣碎的龙骨上不会发现甲骨文。
所以不能说王懿荣最先发现甲骨文。然而,在当时的金石学学者
中间,王懿荣较早重视并收购有字甲骨,则是符合实际的。

应当说,有字的"龙骨"最初是安阳小屯的农民发现的。罗
振常曾于 1911 年(清宣统三年)到安阳做过调查,他在《洹洛访
古记》上写道:

此地埋藏龟骨,前三十余年已发现,不自今日始也。谓
某年某姓犁田,忽有数骨片随土翻起,视之上有刻画,且有
作殷色者(即涂朱者)……土人因目之为龙骨……且古骨
研末,又愈刀创,故药铺购之,一斤才得数钱。骨之坚者,或

又以刻物。乡人农暇，随地发掘，所得甚伙，捡大者售之。购者或不取刻文，则以铲削之而售。其小块及字多不易去者，悉以填枯井。（宣统三年二月二十三日条）

这是说，三十多年前，小屯村民翻耕土地已经发现了甲骨，把它看作是可做药用的龙骨卖给药店；药店收购龙骨价很低，一斤仅给几个铜钱，而且不要有字的，村民只好用铲把字削去再卖。这样相沿下来有三十余年。

但事情终于发生了变化：中药店不愿收购的有字"龙骨"，因为上面有古字，变成了骨董商人尽力搜罗的对象。清末，安阳城是彰德府府治所在地，由于安阳一带历年出土青铜器等古物较多，北方各地骨董商人常到这里收购古物转销京津等地。而骨董商人收购古物时，对上面有字的古物往往出价稍高。一来二去，那些上有古字的"龙骨"引起了潍县骨董商人的注意，他们来安阳用贱价收购，又转到京津售卖。在北京，这有字的龙骨被金石学家王懿荣看上了眼，陆续出重价买得数百片。

当王懿荣大力搜购有字"龙骨"的时候，他心目中早经认定：这是一种珍贵的古代文物。他也曾向一些研究金石之学的朋友稍微吐露过，像著名学者吴大澂、叶昌炽都风闻其事。与吴大澂关系密切的刘鹗，是一个有心人，也与王氏有过交往，因而对有字的"龙骨"产生了莫大的兴趣。就在王懿荣断定"龙骨"为古代遗存的文物，还来不及着手研究的时候，帝国主义列强侵略中国的魔掌，已经伸到了中国当时的首都北京，造成了中华民族的巨大灾难。这就是历史上令人永记不忘的"八国联军"事件。

　　"八国联军"进入北京的前夕,那拉后带领少数皇家贵族,置广大人民于不顾,悄悄地向西安逃跑了。帝国主义的野蛮军队,在北京城里干尽种种无法无天的坏事。王懿荣痛愤之下,在自己的花园里投池自尽了。① 他辛勤搜集的上千片"龙骨",被抛在一边,暂时无人过问。

---

① 见叶昌炽《藏书纪事诗》卷七:"王廉生祭酒名懿荣,字正孺,山东福山人也。庚辰进士,由翰林值南书房,三长国学。庚子'拳祸',奉令总办团练。都门陷,投园池以殉。"又,同书记王懿荣"留心访古,见辄收之。刻有《天壤阁丛书》,又辑有《天壤阁杂记》一册"。

二 《铁云藏龟》问世前后

当时京城内外,死尸狼藉;留在京城的人,连吃饭也买不到米面,而又无可奈何。这时,刘鹗看到这种苦难的情形,就自告奋勇,向控制皇仓的俄国侵略军队交涉。因为这"文明"强盗不吃大米,只要能够捞到钱在手里,也就同意开放皇仓,将储粮出粜。刘鹗把大米贩来,供应北京市民食用。与此同时,还发起瘗埋市区无主尸体。这样做,的确给北京城广大市民带来许多好处,但是,却给出主意、办交涉的刘鹗本人带来了杀身之祸。这里暂且不提。

刘鹗,字铁云,一字蝶云,号鸿都百炼生。江苏丹徒人。曾经捐官治河,在治河工程中立过功。在庚子这次大变乱中,北京城里许许多多大人物,无不惴惴然忧虑自己的身家性命;他却以一个小小的候补知府挺身而出,办了几件有益社会的事情。在此以前,他还向清政府提出过开矿、筑铁路,使中国走向富强道路的建议。他也写过文艺小说,《老残游记》就是他在"八国联

军"事件之后所写的作品。因此,友人都说他是当时的一个"奇
人"①。王懿荣的殉难,刘鹗固然感到悲悼,但他也想到王氏天
壤阁所藏的那些"龙骨"。于是,在1902年,当王懿荣的儿子王
翰甫出售家藏古物时,这些甲骨就归刘氏所有了②。刘氏也和
王氏一样,深具考古的兴趣,更不免要和一些对金石文字有研究
的朋友谈起甲骨的事。可惜这时大金石学家、《说文古籀补》的
作者吴大澂已经去世,刘鹗不无遗憾。

　　刘鹗除了价购王懿荣所藏大批甲骨外,还和北京琉璃厂的
骨董商打交道,也得到不少甲骨。早两年为王懿荣效劳的骨董
商赵执斋,这时也为刘鹗多方奔走。友人方药雨,见刘鹗这样热
心搜求甲骨,便把自己从骨董商范维卿手里购得的三百片,也转

① 阿英《晚清小说史》第二章:"《老残游记》二十四回,洪都百炼生著。
初发表于《绣像小说》,至第十三回中断。后重新发表于《天津日日新
闻》,共二十四回。商务印书馆有单行本。按:百炼生即刘鹗,字铁云,
江苏丹徒人。少精算学,旋又学贾,尽丧其资。光绪戊子,河决郑州,
鹗以同知报效于吴大澂。治河有功,声誉雀起,渐至以知府用。在北
京上书,请建铁路,又主张开矿。既成,世俗交谪,目为汉奸。庚子之
乱,鹗以贱值,购太仓储粟于欧人,以振饥困。又设会瘗死者。后数
年,政府即以私售仓粟罪之,流新疆死。"鲁迅《中国小说史略》定刘鹗
生卒约为公元1850—1910年。
　　罗振玉《五十日梦痕录》附有《刘铁云略传》,传中称刘鹗为"奇
人"。
　　刘鹗生平对科学十分重视,也做过有益于社会的事情,对甲骨学
贡献不小。但其人的政治思想是保守的,在小说《老残游记》中,表现
出对革命不满。
② 王懿荣的儿子出售家藏古物,甲骨转为刘鹗所有,其事在1902年初。
但王家仍珍藏部分甲骨。后来,在天津教会所办之"新学书院"求学的
王懿荣的儿子,送过一批古物给学校当局,其中就有小屯出土的甲骨
二十五片。学校当局不知甲骨为何物,转请英国驻天津领事霍布金斯
进行研究,金氏还写了文章,发表在"新学书院"校刊上。

让给他了。在短短一年多一点的时间内,刘鹗所得比王懿荣得到的多了几倍。但是,无论范维卿也好,赵执斋也好,都没有把甲骨的出土地如实地讲给刘鹗听。他们异口同声地说是来自汤阴。终刘鹗一生,只知道甲骨在汤阴出土。甚至当刘鹗的专著传到日本之后,日本最早的甲骨文研究者也跟着上了当,相信甲骨是汤阴的出土物。例如:日本林泰辅博士在《史学杂志》上发表关于甲骨文的第一篇论文,就是以《清国河南省汤阴县发见之龟甲兽骨》为题的;同样,富冈谦藏所写《古羑里城出土龟甲之说明》一文,也是由于误信刘氏在《铁云藏龟序》中所述"出土在河南汤阴县属之古牖里城"一语,而至于以讹传讹。

等到《辛丑条约》签订后,那拉后和她所率领的一群,又从西安回到北京。皇族以及士大夫们照样过着养尊处优,醉生梦死的生活。1902 年,刘鹗在上海寓所中,和他的朋友罗振玉谈起甲骨,并把自己所藏的拿出给罗振玉欣赏。罗氏早就听说过这件事,自然高高兴兴地看个仔细。对一个爱好古物成癖的人说来,面对这极珍贵的文物,哪有不心神为之飞越呢!由于罗振玉在京沪两地时常和骨董商周旋,见的古物比刘鹗多,懂得的东西也胜过刘鹗。看完刘鹗所藏的甲骨,他自然而然地产生了研究这种古物的兴趣。因此,怂恿刘鹗先选择一部分拓印问世。于是,光绪二十九年癸卯,即公元 1903 年,亦是《老残游记》在《绣像小说》上发表的同一年,《铁云藏龟》影印行世了。这是甲骨文第一次著录成为专书,是中国近代文化史上一件大事。

《铁云藏龟》共计六册。拓印甲骨一千零五十八片。书名《藏龟》,编者在《序言》中也称其为"龟板"。甲骨一词,当时尚未出现。至于"龟板"上所契刻的文字内容如何,更是有待于研究了。

《铁云藏龟》问世十二年之后,又有罗振玉的《铁云藏龟之余》印行。那是罗氏从刘鹗所遗留下来的数千纸墨本中,选取《铁云藏龟》所未载的影印而成。二十四年之后,又有叶玉森的《铁云藏龟拾遗》。而后,更有李旦丘的《铁云藏龟零拾》。都是从刘鹗所搜集的甲骨中整理、编印的。至于许敬参的《铁云藏龟释文补正》,则是对刘鹗的书做了进一步研究。

总之,刘鹗是甲骨学的开山。至今中外学者提到甲骨文的创始,无不首先举出《铁云藏龟》这部书。这算是未辜负刘鹗生前的一番辛苦。

三　罗振玉和甲骨学

　　罗振玉字叔言,号雪堂①,浙江上虞人。当清末新学兴起之际,曾在上海先后创立"学农社""东文学社",并出版《农学报》《教育世界》等杂志。乍一看去,罗氏好像是一位顺乎潮流、适应时势的进步人物,实际上并不然。他一生以匍匐皇帝陛下称臣为荣,晚年又依附溥仪傀儡政权。其早期结社办报,并非热心提倡改革,而是意在捞取名誉地位。他把《农学报》让给日本人香月梅接办,从中赚得大批款项就是如此。

　　但罗氏治学确有一套本领,尤其长于考古,具备丰富的金石文字知识,兼通各种古物。他在京沪两地,兼做一点骨董生意,手里积有一些钱。自从在刘鹗那里接触有字"龙骨"之后,他便着手收购。1906年,他移官北京后,又不断地向范维卿、赵执斋之流打听"龙骨"的来历。商人是狡滑的,在王懿荣和刘鹗的面前,始终

---

① 罗振玉的别名很多,除字叔言、号雪堂外,至少还有如下十余个名号:叔蕴、叔坚、商遗、松筠、刖存、陆厝、俑庐、公之纯、贞松老人、仇亭老人、岁寒退叟、守残老人、抱缺老人等。

不肯说出"龙骨"的出土地为安阳,但后来经不起罗振玉使用种种手段加以利诱,竟讲了真话。当罗振玉确切知道"龙骨"是安阳出土,而且了解到当地农民还在继续采掘的情况时,首先便进行一番考证,结果查出安阳为殷代后期首都所在地。

《史记·殷本纪》开首便说:殷的始祖殷契,始封于商。唐时司马贞《史记索隐》随即指出:契封于商,其后盘庚迁殷,殷在邺南。唐时张守节在《史记正义》中更引《括地志》说明:"相州安阳,本盘庚所都,即北冢殷虚。"

《史记·项羽本纪》也有这样一段记载:

> 项羽悉引兵击秦军汙水上,大破之。章邯使人见项羽,欲约。项羽召军吏谋曰:粮少,欲听其约。军吏皆曰善。项羽乃与期洹水殷虚上。

傅瓒注:洹水,在今安阳县北。这不是清楚了吗? 其实,从北宋以来,安阳就有不少殷代遗物出土。宋吕大临所著《考古图》载明一些青铜礼器出于河亶甲城。而《彰德府志》正指明:河亶甲城即安阳。

既然如此,那么,这些龟甲兽骨上所契刻的文字,无疑是殷代的贞卜文字了。罗振玉欣喜之余,当机立断,把范维卿、赵执斋及其他琉璃厂店肆骨董商一概撇开,指派他的老弟罗振常和妻弟范兆昌前往安阳,直接搜购甲骨。一九一六年,罗氏还亲自到达安阳小屯村一带(即殷墟,见图一)做过调查。① 就这样,以

① 见《雪堂丛刊》之一:《五十日梦痕录》。

他的财力之雄厚,加上用心搜罗不遗余力,收获自然凌驾于他人之上。等到他搜集甲骨数以万计,拥有足够的研究资料时,便连续不断地印行了好几种关于龟甲兽骨文字的书,并且先后做了考释,遂成为这门学问最早的权威。

罗氏印行的甲骨文专著,主要的有如下几种:

一、《殷虚书契前编》1913 年出版。著录了甲骨二千一百零六片。原分二十卷,后改编为八卷。

二、《殷虚书契菁华》一卷,1914 年出版。著录大骨八片,小者六十片。

三、《铁云藏龟之余》一卷,1915 年出版。

四、《殷虚书契后编》二卷,1916 年出版。共拓印了千余片,都是《前编》所未载的。

五、《殷虚贞卜文字考》1910 年出版。作者以"正史家之遗失,考小学之源流,求古代之卜法"为目的,进行考释。但因成书较早,缺陷甚多。不如后来的《考释》远甚。

六、《殷虚书契考释》1914 年成书。"举形、声、义皆可知者约五百字,形、义可知而声不可知者约五十余字,形、声、义皆不可知而见于金文者约二十余字,分别部居,创立义例。"全书约六万言。称誉此书的人,认为开甲骨文识字之始。

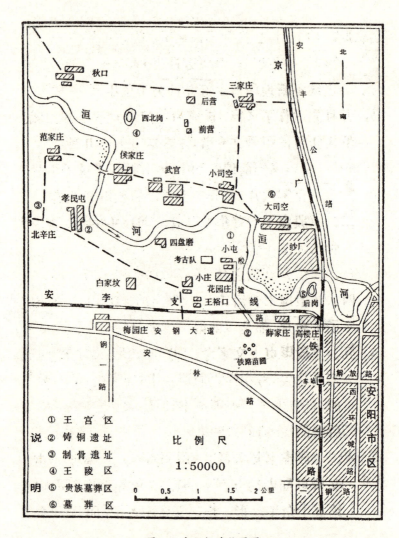

秋口

三家庄

后营

西北岗
④
前营

范家庄

侯家庄

武官

小司空

⑥

孝民屯

大司空

②
北辛庄

③

四盘磨

①

考古队

小屯

殷

纱厂

洹

河

白家坟

李

小庄

花园庄

墟

王裕口

⑤
后岗

河

安

支

线

路

梅园庄 安钢大道

②

薛家庄

安

铁路苗圃

林

高楼庄

铁

车站

路

钢

一

路

解

放

西

环

城

路

路

安

阳

市

区

说

① 王 宫 区

② 铸 铜 遗 址

③ 制 骨 遗 址

④ 王 陵 区

明

⑤ 贵 族 墓 葬 区

⑥ 墓 葬 区

比 例 尺

1:50000

0   0.5   1   1.5   2公里

图一 安阳殷墟位置图

212

以上这些书,其印刷出版事宜,罗氏皆亲手料理。所谓"贞松堂本",在甲骨著作中受到人们重视,就是这个缘故。

由此可见,罗氏之于甲骨学,是当作头等事业去做的。郭沫若说:"这些书,特别是《前编》和《后编》,是研究甲骨文字必要的典籍。"(见《中国古代社会研究》)郭氏的话是对的。笔者认为《殷虚书契前编》及《后编》,与刘鹗所著录的《铁云藏龟》,以及与《铁云藏龟》同一来源的《戬寿堂所藏殷虚文字》,甚至林泰辅的《龟甲兽骨文字》等书,都是依据最早出土的甲骨著录而成,是非常可靠的。

尔后搜求甲骨的人多了,情况起了变化。尤其是外国人纷纷插手之后,变化更大。1927年梁启超在燕京大学讲《古书真伪及其年代》时,顺便提到这个问题,他说:

> 前清光绪末年,在河南殷虚发现很多甲骨,其上刻有文字。那都是孔子以前的东西,孔子所不曾见过的。本来极为宝贵。不过发现以后,二十年来至如今,琉璃厂的假甲骨就很多。因为从前不贵,现在很贵,小者数元,大者数十元,自然有人伪造牟利了。

甲骨出现赝品,而且赝品愈出愈多,并能以假乱真。这与古钱的伪造很相似。清代乾隆、嘉庆年间以来,古钱的收集者与研究者日多,造伪钱的也随着增加。辛亥革命后尤为突出。原来只值三四十元一品的,那时竟抬价至百元以至千元,有时甚至二三千元。铸造伪钱的地方,除北京、河南、山东、浙江外,还有陕西、四川、辽东、苏州,几乎遍及全国。① 真是利之所在,趋之若鹜了。

甲骨文的真伪混淆,对研究者来说,是必先加以区别的。早期的专家,接触甲骨实物日久,一望即知。我们如能多看、熟看最先著录甲骨文的专著,再有机会参看实物的话,自然也会提高识别能力。因此,罗振玉在甲骨文研究领域开拓时期的功劳,不可磨灭。不过,罗氏在甲骨文研究工作中,也存在不少错误。随着时间的不断推进,罗氏的错误将会越来越多地被发现。这也是势所必然的吧。

罗振玉在甲骨学上的作为,以及后面提到的所有甲骨文专家,我们可以清楚地看出:最早的甲骨文著录,也就是早期专家所提供的研究资料,极为可贵;但在考释方面,却往往后来居上。至于以甲骨文为依据,论及殷代社会的种种问题,似乎愈是晚出的著作愈有价值。新中国成立后,由于研究者的立足点有所不同,无论是老一辈的专家或后起的学者,所取得的成就更为显著了。

---

① 见《古钱的伪造及鉴别》,载《文物参考资料》1956 年第 11 期。

四　甲骨文的名称及其他

现在,我们要来谈谈关于甲骨文的名称及其他一些问题。

甲骨文是我国截至目前止,所发现的最早的一种文字,也就是殷代文字。殷代文字种类颇多。已经发现的,有刻在石上的石文,刻在陶器上的陶文,铸在铜器上的金文以及刻在甲骨上的甲骨文。还有未发现,也许永远不可能发现的竹简和帛书①。在已发现的各种文字中,以甲骨文为主要。

甲,就是龟甲。甲文是在龟的腹甲上契刻的文字(也有少数刻在背甲上的)。骨,就是兽骨。主要的有牛胛骨和鹿头骨。骨文是刻在牛胛骨和鹿头骨上的文字。合起来叫作龟甲兽骨文字(图二),简称之为甲骨文。

我们现在所说的甲骨文,是指河南安阳小屯村出土的甲骨

---

① 郭沫若在《奴隶制时代》中说:"殷代除甲骨文之外一定还有简书和帛书。《周书·多士》说,惟殷先人有册有典,甲骨文中也有册字和典字,正是汇集简书的象形文字。但这些竹木简所编纂成的典册,在地下埋藏了三千多年,恐怕不可能再见了。帛书也是一样。"

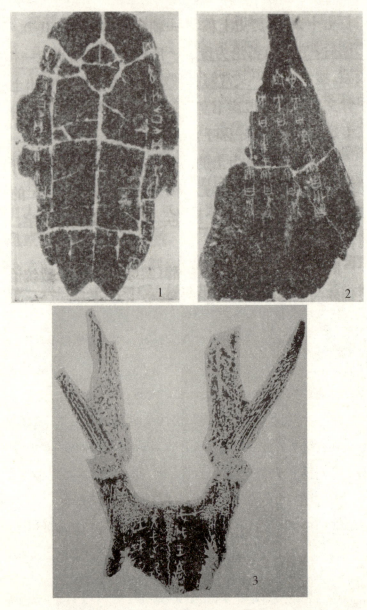

图二　安阳小屯出土的龟甲兽骨文字

1.龟甲刻辞　2.牛胛刻辞　3.鹿头骨刻辞

216

上契刻的文字。河南安阳小屯一带，是殷代从盘庚以后的首都。自盘庚迁此，直至商纣灭亡，为时大约二百七十余年，历史上称这一朝代为商代或殷代①。殷亡国后，它的首都沦为废墟，所以又称安阳小屯一带为殷墟。墟和虚通，又常写作殷虚。从而安阳小屯出土的甲骨文又别名为殷虚书契，或简称为殷契。早期的甲骨文专家，都喜欢这样称呼它。

安阳小屯大量出土的龟甲兽骨，是殷人用以占卜的遗物。刻在龟甲兽骨上的文字，也就是殷人占卜的记录。所以甲骨文还有一个别称，叫作殷代贞卜文字，或简称之为卜辞。

既然甲骨文是殷人的卜辞(实际上只是少数统治者或贵族的卜辞)，那么，为了探究卜辞的内容，有必要对殷人如何用龟或骨进行占卜，稍微有所认识。不过，我们今天来讲三千多年前殷人如何进行占卜，仅仅是近世的学者们根据甲骨文资料、参考有关文献做出的推测而已②。

距今三千多年前，以我国中原地区为中心建立起来的殷王朝，是一个相当发达的奴隶社会。这个奴隶制社会，在农业生产和手工业特别是冶铜技术等经济发展方面，取得了很大的成就。

---

① 商是成汤有天下的国号。据《史记·殷本纪》：帝喾次妃简狄生子曰契，佐禹治水有功，封于商。赐姓子氏。故契的十三代孙汤以地名为国号。为什么又称殷呢？一说：在盘庚迁殷以前，都称为商，盘庚迁都之后，才称为殷。殷也是地名，即衣，齐人衣读如殷。一说：殷人自始至终都自称商，周人才称之为衣，为殷，大约是出于敌忾。以上见崔述《商代考信录》、罗振玉《殷虚书契考释》、郭沫若《奴隶制时代》。
② 关于殷人占卜的推测，详见《安阳发掘报告》中董作宾所做《大龟四版考释》及《燕京学报》第十四期瞿润缗所做《大龟四版考释商榷》。更早一点的有《史记·龟策列传》。

但是尽管这样,殷人十分迷信,他们认为生活中的一切,都得听命于上天,按鬼神的意旨办事。因此,事无大小,必须进行贞卜。贞卜的内容,包括祭祀、征伐、田猎、年岁(即每年收成如何)、疾病、出入(到别处去,或从外地回来)、风雨,以及卜旬(十天之内有无祸事)、卜夕(当天夜里有无灾祸)等等,以及祭祀时用牲多少? 征伐时要征集若干人? 甚至妇人妊娠,何时分娩? 将生男孩或女孩? 几乎无所不问。而且一事要卜多次,从正面问了,还要从反面问。主持贞卜的有专职人员,地位还很高咧,我们称之为贞人或卜人,大概就是巫,后世也称之为史。贞卜时用的龟或兽骨,以龟居多数,故名龟卜。以龟卜而言,据说卜之前,先将龟解剖,取下腹甲,涂以牛血,名曰衅龟。然后将龟甲刮磨,使它平滑放光,莹然如玉。倘遇疑难问题,就很郑重地取来卜用。

贞卜的程序大概是这样:在龟甲上先钻后凿。钻是钻一圆孔,凿是凿一长槽。长槽上宽下窄。卜时再用火灼。钻过和凿过的地方,经过火灼,自然要裂成纹路。钻处的纹路是直的,较粗,叫作墨;凿处的纹路是横的,较细,叫作坼。坼又分为首、身、足三个部分。近墨者为首,中间为身,末端为足(图三)。卜事之吉凶,主要是看兆纹如何。亦即看坼的"身、首、足之俯仰平直"。首仰、足朌(音琴,指足兆敛),就是吉兆;反之,首上开,内外交骇,身折节,就是凶兆。占卜的人就根据兆的吉与凶,来决定对某件事的当做或不当做。

这种龟卜以决疑的迷信行为,不知道是从何时开始的。据我们所知,殷代最为盛行。相沿下来,一直到春秋战国时代,记载不绝。秦汉的中央政府,都设有太卜官。汉武帝时对太卜的

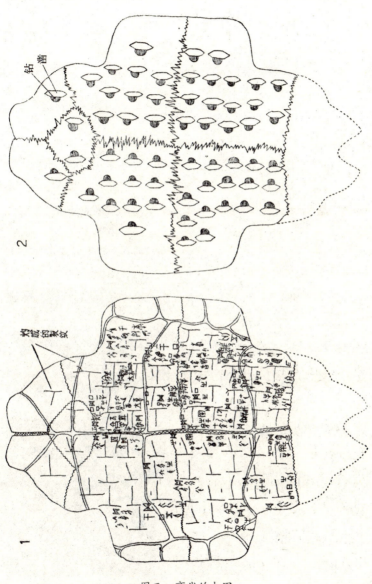

图三　商代的卜甲

1.正面　2.反面

赏赐"至或数千万"。不过,仔细研究一下,春秋时,统治者就不那么听命于神了。下面试举两个例子。

一、《左传》僖公四年:

初,晋献公欲骊姬为夫人,卜之,不吉;筮之,吉。公曰:从筮。

二、《左传》昭公十七年:

吴伐楚,阳丐为令尹,卜战,不吉。司马子鱼曰:"我得上流,何故不吉?且楚故,司马令龟。我请改卜令。"

这种情况,大概殷人是不会有的吧。

甲骨文除卜辞外,还有纪事刻辞(图四)。大多数是刻在龟甲两边像桥梁一样的凸出部分,或牛胛骨顶端凹下的臼面上,所以又叫作"甲桥刻辞"或"骨臼刻辞"。所谓"纪事",有的与卜辞有关,有的与卜辞无关。如记载战争中俘虏数字,田猎时所获多少,以及方国、臣下进贡物品等。这些刻辞的研究价值,并不亚于卜辞。

甲骨文是用铜刀或别的什么工具契刻在龟甲兽骨上的,还

图四　纪事刻辞

220

不能确定。据说契刻时先是直刻,然后横刻。专家在出土的甲骨中,曾经发现有好几片直刻部分已完成、尚未横刻的卜辞,这就是最好的说明。董作宾过去发现三块骨版上有几个残缺的毛笔字,墨色浸入骨里,呈淡黄色。因之有人遂认为甲骨文是先用笔书写再用刀刻的。但大多数专家的意见,认为是直接契刻在甲骨上的。甲骨文刻的技巧十分精妙。我们看,不论哪一个时期的甲骨文都很美观。其字大者径逾半寸,小一者细如芝麻,或峭拔苍劲,或秀丽多姿,其艺术造诣,甚至为后世篆刻家所难及。因此,我们可以这样说:每一片出土的甲骨,既是极其珍贵的研究古代历史的第一手资料,同时又是世界上无比美妙的艺术品。

五　怎样阅读甲骨文

　　安阳小屯出土的卜辞,包括武丁、祖庚、祖甲、廪辛、康丁、武乙、文丁、帝乙、帝辛九个王朝。绝大部分属于王的卜辞。除王的卜辞外,还有极小一部分是属于王族私家和多子族私家的卜辞。王的卜辞与非王卜辞之间,内容和格式有所不同,表现在称谓上较明显。当我们接触甲骨时应当留心。

　　初次接触甲骨文的人,对甲骨文的书写格式,也要知道一点。一般说来,甲骨文是直行,读时自上而下。但在转行的时候,却不一定向左转。在左边边上的向右转;在右边边上的才向左转。原则上是向内转。可是靠近中央裂纹,即所谓"千里路"的,一律向外转。卜辞总是刻在兆侧的,为了和另一条卜辞分开,有时还画一条线。龟甲的这一面倘若刻不下,就反转来刻在背面。

　　郭沫若在《殷契粹编》中说:"殷人一事必数卜,或卜其正,或卜其反,或卜如此,或卜如彼。"这就是所谓对贞。对贞以龟甲的正中线为轴,取左右对称的形式。董作宾在大龟

四版(图五)中,发现卜辞有左右对贞、一事两决的文例。其
明显的例子如:

　　己酉卜步王贞:征舌方,下上若,受我佑?

　　贞:勿征舌方,下上弗若,不我其受佑?

(《铁云藏龟》二四四片)

　　贞:我受糧年?

　　贞:我不其受糧年?

(《殷契佚存》四〇〇片)

　　贞:我受黍年?

　　贞:我不其受黍年?

(《邺中片羽》二卷二七页四片)

　　此外,卜辞中存在大量"其从""不从""令""勿令""乎"
"勿乎""受年""不受年"……这些都是对贞的明证。不过,龟甲
出土时破碎了,看不出来,只有在发掘全龟后,才发现对贞。不
仅仅龟甲,而且卜骨如牛胛骨和胛骨边,也往往有左右对贞或排
成相间的刻辞。对贞,就好比我们日常在某种情况下说话一样,
既说:"可以吗?"又说:"不可以吗?""好吗?""歹呢?"……

　　甲骨文的写法,也极不一致。某些字,既可直写,又可横写。
如车字,既作🚗,又作🚗。某些字,有正写,也有反写。如卜,可
作Ⴟ,又作Ⴏ;如亡,既可写作Ⴟ,也可写作Ⴜ。两文或三文合写
为一的,经常可以碰到。如上帝作🔱,小子作🔱。三祖丁作🔱,
十五伐作🔱。《甲骨文编》共收录了合文三百余例。甲骨文中某

图五　大龟四版之一

些字的偏旁,可以摆在左边,也可以摆在右边。如彭,作🥁,亦作🥁。如好,作🥁,亦作🥁。渔,作🥁,亦作🥁。而有些字,简直分不清哪个是正体,哪个是变体。如名,既作🥁,又作🥁。如启,既作🥁,又作🥁。如易(即锡),既作🥁,又作🥁。如射,既作🥁,又作🥁。

现有出土的甲骨文,一般分为五个时期(见后面甲骨文断代部分)。早期的字与晚期的字,有的也有所不同。仔细研究,就可以看出它由繁到简,由不规则到逐渐走向定型的痕迹。例如:甲骨文的王字,武丁时期作🥁;祖甲时期,在上面加一横,作🥁;祖甲以后,两种王字并行使用,但🥁字逐渐加多;帝乙以后才变而为王。又如🥁字,武丁时写作🥁,祖庚、祖甲以后出现🥁的写法。甲骨文多有结构不同的写法,翻阅《甲骨文编》,其中如羊字,收录三十个字,就有几种写法;又如翌字,收录约一百个字,也有几种写法。足见在没有规范化之前的文字,书体不是那么严格的。

甲骨文中像羊这类象形字,大量存在。有的简直就是图画。如鹿🥁、如虎🥁等是。象形字还有一个特点,即多几笔,少几笔,似乎无关紧要,只要大体上象物的形状,使人一望即知为何物就行了。例如:

🥁、🥁、🥁,都是西字。

🥁、🥁、🥁、🥁、🥁,都是壶字。

甲骨文的一、二、上、下触目皆是,这是指事的字。此外,还有会意字,如出,写作🥁,上面是🥁,像足趾,下面的🥁,像居穴,足趾露在居穴外，于义为出。又如疾，写作，象人卧床出汗。众字，写作，三人（代表多数）在日下劳动。又有形声字。如从水的有洹、河、洛、洋等；从木的有杞、杜、柏等。假借字在卜辞也出现。如火假为祸，兮假为曦，省假为狝，蝉假为禅，不一而足。总之，基本上符合于后世学者所说的“六书条例”①。

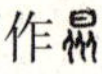

甲骨文不但符合“六书条例”，而且文法井然可观。一片完整的卜辞，包括有叙辞、命辞、占辞、验辞四个部分②。试举一卜辞为例说明之（图六）。

癸巳卜，㱿贞：旬无𡆥？王占曰：有求！其有来艰，迄至五日丁酉，允有来艰自西。沚戛告曰：土方征于我东鄙，𢦏二

① 六书，又名六义。就是从文字结构中所看出的六条文字构成的原则。关于六书的排列，汉儒有三种不同的说法：郑众《周官保氏注》说：“六书：象形、会意、转注、处事、假借、谐声也。”班固《汉书艺文志》说：“古者八岁入小学……教之六书。谓象形、象事、象意、象声、转注、假借，造字之本也。”此外，就是许慎在《说文解字·叙》中所说，现把它介绍于次：“周礼，八岁入小学，保氏教国子，先以六书：一曰指事。指事者，视而可识，察而见意，上下是也。二曰象形。象形者，画成其物，随体诘诎，日月是也。三曰形声。形声者，以事为名，取譬相成，江河是也。四曰会意。会意者，比类合谊，以见指㧑，武信是也。五曰转注。转注者，建类一首，同意相授，考老是也。六日假借。假借者，本无其字，依声托事，令长是也。”指事、象形的文字较早，形声字比较晚出。自形声字出，文字的发展，就越来越多。甲骨文中，如日、月、水、火以及动植物方面许多字，都属象形字。再如洹、盂等字，则属形声字。

② 这里，把卜辞分为叙辞、命辞、占辞、验辞四个部分，是根据胡厚宣在《甲骨学概要》中的说法。也有比这分析得更为详细的，认为一完整的卜辞，包括署辞、前辞、贞辞、兆辞、果辞、验辞六个部分。详见李学勤《关于甲骨的基础知识》。

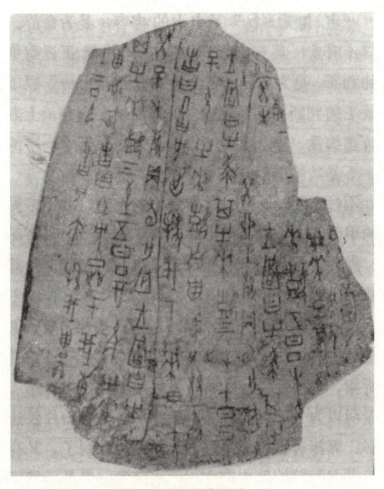

图六 《殷墟书契菁华》第二片

邑;舌方亦侵我西鄙田。

（《殷虚书契菁华》第二片）

卜"，是记贞卜的日期，殸是贞人，合而为叙辞。"贞、旬无囚?"乃贞卜的内容，是为命辞。"王占曰:有求! 其有来艰。"是占卜后殷王视察龟兆做出的判断，是为占辞。"迄至五日,丁酉……"

以下,是说殷王的判断对了,果然有祸事发生,舌方、土方,都在边疆捣乱,是为验辞。你看,这短短五千一字的纪事文,不是结构谨严,布置很恰当吗?

不过,像以上所引这样完整的卜辞,并不多见。不少的甲龟,在一片龟甲或一块牛胛骨上,只有三五个字。因此,很难看到包括叙辞、命辞、占辞、验辞完整无缺的卜辞。

有人问:每一卜辞,最多的有多少字? 专家们也曾注意及此。过去,于省吾、郭沫若认为最多五十余字。于氏所指,即上面这一片——《殷虚书契菁华》第二片。吕振羽以为《甲骨文断代研究例》中有一片长达六十三字。郭沫若在《卜辞通纂》中也提到了。又有认为《殷虚书契前编》中有六十六字的。但是,吴泽认为都不如《殷虚书契菁华》第三片与第五片合起来这一卜辞为最长。因为这两片是一块牛胛骨的正面和反面,卜辞前后衔接为一,全辞共九十三字。可是,据胡厚宣说:《双剑誃所藏甲骨文字》中有达一百八十字者。那真可与西周铜器中"令彝"的铭文比美了①。

有人认为卜辞千篇一律,即"某人某日卜某事",格式固定,那有什么难读。其实不然。我们曾经和一些初学甲骨文的人谈到这个问题。他们说:最初接触甲骨文拓本,好比看"天书",不知道讲些什么。等到搞清楚殷人以干支纪日,以及对祖先的称谓和各种各样的祭名时,好像有了一点门径;及至掌握了一卜辞的常用词和成语之后,就犹如上了大路。纵使有些不认得的字,也大体上能了解是什么内容。是的,殷人以干支纪日,每片卜

---

① "令彝"的铭文有一百八十七字。

辞,几乎无不有干支。出土的甲骨中,就有不少干支表(见图七)。这虽与卜辞无关,但读卜辞却须从干支入手。看来,《卜辞通纂》的编排,把干支列为第一,确有其意义。郭沫若说:"干支中最当注意者,为子、巳二字"。子作 ♨、♨、♨、♨;巳作 ♀、♀、♀,每每容易以巳作子。其次为数字,一、二、三、三、✕、介、十、八、九、丨,十个字中所当注意者:七字作十,十字作丨。同时,十以上之数字,如十五作 ✕丨,五十作 ✕,须倒读。又如 ✕,应读作五十又六。大抵几十、几百、几千、几万,都是合文。此外,卜辞中的世系,与古籍中所见的,基本上一致。看看世系表(如本书第七节的世系表)问题就不大了。

图七 干支表

　　甲骨文中经常遇到的词和成语是不少的。如贞、叀、其、于、允、兹、乎、若、不其、弗其、不亦、亡其……触目皆是。兹用、亡㞢、亡㊀、亡尤、亡𡿧、受又、受年、受禾、有祟、求年、以及下上若、不玄冥等成语或专门术语亦然。

六　孙诒让的《契文举例》

甲骨文研究，在罗振玉的著录和考释还没有开始，早有人根据刘鹗所藏的甲骨进行研究，写成了专书，这就是孙诒让的《契文举例》。

孙诒让，字仲容，晚号越东逸民，浙江瑞安人，光绪年住在北京。他是全国著名的学者，所著《周礼正义》《墨子间诂》，受到学术界的重视。《契文举例》成书于 1904 年，也就是《铁云藏龟》出世后第二年。可是不知为什么，《契文举例》写成后，一直躺在孙氏的书斋里，直到 1913 年，原稿才在上海被王国维发现。但是，即使《契文举例》诞生了将近十年之久才和世人见面，它仍不失为甲骨文历史上第一部考释的专著。王国维在 1923 年给《殷虚文字类编》写序文时，就这样肯定说："书契文字之学，自孙比部而罗参事而余。"把孙诒让摆在第一位。罗振玉在 1910 年虽写有《殷商贞卜文字考》，但内容远不及作者五年后所写的《殷虚书契考释》。并且，罗氏在考释甲骨文时，极有可能从孙氏那里得到启示。

《契文举例》共十章,总目如次:

月日第一

贞卜第二

小事第三

鬼神第四

卜人第五

官氏第六

方国第七

典礼第八

文字第九

杂例第十

由书名《契文举例》及其章目来看,孙氏的卓识很了不起。因为刘鹗在早一年尚称甲骨为龟板,对其用途不甚了然。而孙氏于契文内容已进行分类,进展是很大的。

当然,孙诒让在《契文举例》中,一并没有像后来的罗(振玉)、王(国维)、郭(沫若)、董(作宾)诸大家那样有许多创获创见。因此,郭沫若在《中国古代社会研究》一书中说:"孙氏虽大家,然所获实甚微末。"王国维在写给别人的信中也说:"此书无可采。"但他又提到"以其为此学开山",应"特别重之"。是的,我们应当用历史的眼光来看待它。要知道,在孙氏之前,仅仅有一部《铁云藏龟》。孙氏的工作,是属于开辟道路的性质。我们后面要说到专家们研究甲骨文字的方法问题,其研究方法,不外乎以《说文》为证,与金文互证,从甲骨文本身归纳等等,而这些方法,在孙氏《契文举例》一书中,基本上都应用了。这就是《契文举例》可贵之所在。

至于《契文举例》中所考释的甲骨文字，多不如后来的学者所考释的那样允当，这也是合乎科学发展愈来愈精密的规律的。而且，甲骨文研究中，迄今还没有一个专家的任何立说从来没有变动的事。很早以前，董作宾在《甲骨文研究的扩大》一文中，就说过这样的话：

> 甲骨文的研究，现在不过是初步，可识的字，犹不及一半。而读不通、进不通的语句，又是触目而有。就是那号称契学先进的罗老先生，他也曾把麒麟牵入马群，藉田当作扫地，把肩胛骨的边缘误认为胫骨……

其实，罗振玉的笑话何尝限于这些。我们在前面曾经说过，时间愈向前推移，错误将发现愈多。同时，更可以清楚地看到：只有通过考古发掘的实践，才能检验书本上所讲的是否正确。董作宾正是利用殷墟发掘的新材料，纠正罗振玉在《殷虚书契考释》一书所说："田猎用胫骨"，"卜祀用龟，他事用骨"，"龟卜但用腹甲，弃其背甲"等等主观错误的说法。

这里，还顺便谈一个小的问题。甲骨文中出现特多的"𧝎"，罗氏释为"亡它"，引《说文》"上古草居患它（蛇），故相问亡它乎"为证。于是，"亡它说"似乎确立不易。但𧝎字上从止、下从虫。虫字固可释它，然从止则无说。因此，闻一多释𧝎为蚩。《说文》：蚩、从虫，止声。照闻氏所释，字形上是讲得过去了，而甲骨文"亡蚩"一语，殊觉不辞。后来，陈梦家又释蚩为祟。举卜辞"河弗祟我年"为例,引《左传》昭公六年河为祟及《史记·始皇本纪》泾水为祟证之①。字义通了,字形还有别扭。直到 1951 年,陈家康释蚩为咎,谓蚩即咎之本字,而祟为蚩之后起字。于是,才"论形、论声、论义,自无扦格"②。

那么,居先的孙诒让所考释的甲骨文字,非是之处颇多,自无足怪。再则,后来的学者,摭拾孙氏所释,创为异说,反不如孙氏解释恰当之事也有。例如:甲骨文中经常碰到的"业希"一语,"希"字,《契文举例》释希(读弟),罗振玉释求,陈梦家释希,谓希即豨,野猪也。亦引古有封豨修蛇之害为言。说来说去,还不如孙氏立说简要。试检《说文解字》一看,则释豕、豨、希,均无不可。且"亡它"之它,既未必是蛇,则"有希"之希,亦不一定是豕。

---

① 见陈梦家《商代的神话与巫术》,载《燕京学报》第二十期。
② 见陈家康《蚩尤考》,载 1951 年 6 月天津出版之《历史教学》。

七　王国维及其对甲骨文的贡献

　　如前所述,当清末新学兴起之际,上海一隅,办报办学蔚为风气。罗振玉在 1897 年,与蒋黼合作成立"学农社",并创刊《农学报》。第二年,《农学报》让给日本人香月梅接办;他又成立"东文学社",以培养日文翻译人才为号召。这时,刚二十一岁的王国维,正从家乡来到上海。

　　王国维字静安,又字伯隅,号观堂,浙江海宁人①。先是在汪康年、梁启超所主办的《时务报》社担任抄写和校对工作。1898 年夏天,《时务报》关闭,他便转入"东文学社"做庶务,兼学日文。这是王国维与罗振玉建立关系的开始。不多久,罗振玉就发现这位比自己小十一岁的年轻人,非常聪敏而又好学,心

---

① 有关王国维生平事迹,可参看赵万里《王静安先生年谱》,载《国学论丛》一卷三号。又,郭沫若《历史人物》中也有专篇写王国维。所述王国维之死,与后来爱新觉罗·溥仪《我的前半生》一书所回忆的大致一样。王国维的主要著作为《观堂集林》。《殷卜辞中所见先公先王考》最初载《广仓学窘丛书》甲类上集;后与《续考》一并载入《观堂集林》卷九史林一,后面还附有《殷世数异同表》。

里暗暗佩服,因而尽力笼络他。一九〇一年,资助王国维赴日本留学。不久,王氏回国,正值罗振玉创办《教育世界》杂志。于是,便由王国维担任杂志主笔。

王国维早年研究哲学和文学,曾先后发表《〈红楼梦〉评论》《叔本华和尼采》《人间词话》等论著。同时,开始撰写《戏曲考源》《唐宋大曲考》。

一九一一年辛亥革命,推翻了几千年的君主专制,建立了共和国。这时,罗振玉拖着王国维东渡日本,以清朝遗老自居。就这样,王国维步随罗振玉之后,逐渐掉进了反动泥坑,以后愈陷愈深,终于与当时的进步潮流背道而驰,最后的结果是埋葬了自己。从日本再度回国后的王国维,发表了《宋元戏曲史》。由于在日本帮助罗振玉整理甲骨,使罗振玉在甲骨文研究上获致成功,而从此王国维自己也与甲骨文结下了不解之缘。

王国维为了有机会掌握英国人哈同买去的大量甲骨资料,不惜在上海哈同花园中的仓圣明智大学担任教授。一九一七年,他果然编印了《戬寿堂所藏殷虚文字》一书。这部有价值的甲骨文专著,是用姬佛陀(名觉弥)的名义发表的①。实际上姬佛陀先生并不因此价重士林,反而得了沽名钓誉的坏名声。

就在编次、考释《戬寿堂所藏殷虚文字》的同时,王国维写作并刊印了《殷卜辞中所见先公先王考》。这是甲骨文出土十

---

① 王国维在《随庵所藏甲骨文字序》中说:"丙辰、丁巳间,铁云所藏,一部归于英人哈同氏。余为编次、考释之。"据此,知《戬寿堂所藏殷虚文字》为王氏所编。

九年中第一篇具有重大意义的科学论文。有了这篇论文,才使甲骨文的史料价值为举世所公认,甲骨学才真正成为一门专门的学问。

为了具体说明王国维对甲骨文的贡献,我们不妨简略地谈谈有关这篇论文的内容。首先须搞清楚什么叫作先公先王?所谓先公先王,简言之,即指殷王朝的历代祖先。《左传》襄公十一年:

> 诸侯伐郑,同盟于亳。盟书曰:先王先公,
> 七姓十二国之祖……

在这段正文之下,杜预注:

> 先王,诸侯之太祖,如宋祖帝乙、郑祖厉王之类;先公,诸侯始封之君,如鲁公伯禽、曹叔振铎之类。

殷王朝的世系,据《史记·殷本纪》所载,其略如下:

> 殷契,母曰简狄,有娀氏之女,为帝喾次妃。……因孕生契。契长而佐禹治水有功。……封于商。赐姓子氏。契兴于唐、虞、大禹之际,功业著于百姓,百姓以平。契卒,子昭明立。昭明卒,子相土立。相土卒,子昌若立。昌若卒,子曹圉立。曹圉卒,子冥立。冥卒,子振立。振卒,子微立。微卒,子报丁立。报丁卒,子报乙立。报乙卒,子报丙立。

报丙卒，子主壬立。主壬卒，子主癸立。主癸卒，子天乙立，是为成汤……

这，司马迁是凭什么写出来的呢？可信的程度怎样呢？后世读者，即使并非疑古派，也未必深信无疑。因为在古书上，殷王朝的世系，是难以找到强有力的证明的。大约在公元前五百余年，大学者孔丘想考究一番殷代制度，就有文献不足征的慨叹；何况时至汉代，司马迁对遥远的殷王世系，哪能那样清楚！可是，在司马迁之后，约莫两千年之久，王国维却从出土的甲骨考证出来了。他说：帝喾即卜辞的🐆；契在卜辞作🐘；相土在卜辞作⊙；冥即季，卜辞作🎋；振即核，卜辞作🎋；微乃上甲微，卜辞作田。自微以下，报乙、报丙、报丁……无不见于卜辞。

《殷卜辞中所见先公先王考》作于丁巳（1917）二月。文章第一条即释"夋"，以卜辞🐆为夋、为夒、为帝喾。王氏自己说：当时所据者，仅仅是《铁云藏龟》及《殷虚书契前编》《后编》。以为"但据字形定之，无他证"。过了不久，他见到罗振玉拓片中有"癸巳贞于高祖夒"一条，于是，在同年闰二月又写了《续考》，补充前文（参看图八）。

先是，王氏在《殷虚书契后编》卷上二十页发现一拓片，即：

甲辰卜、贞：王宾⊔祖乙、祖丁、祖甲、康祖丁、武乙，衣。无尤。

图八 有"高祖夒"的卜辞

他说:武乙以前四世为小乙、武丁、祖甲、康丁,则此片祖乙即小乙,祖丁即武丁;非河亶甲之子祖丁,亦非祖辛之子祖丁。这话是很对的。王氏后又在《戬寿堂所藏殷虚文字》中发现一拓片,可与《殷虚书契后编》中的一片相缀合,这就是两片缀合在一起的卜辞(图九)。

"乙未,酒劦上甲十、报乙三、报丙三、报丁三、示壬三、示癸三、□大丁十、大甲十……"

也就是学者常说起的自上甲至示癸的"六示"。你看,殷王在祀典中,世系排列,多么严谨。王氏说:这是成汤有天下以后的追名,不然不会这样巧合。我们把卜辞中所见与《史记·殷本纪》所载对照一下,基本上是吻合的。表列如后页。

就是这样,王国维根据卜辞,强有力地证明了司马迁所记的殷代世系是可靠的。《史记》在很大程度上是一部信史。司马迁自称"绅史记石室金匮之书","网罗天下放失旧闻",半点也不夸张。他的确掌握了充分的材料,所以写年代遥远的《殷本纪》,看去比较简略,但却言必有据。

王国维不但从卜辞证明《史记·殷本纪》为不误,而且还纠

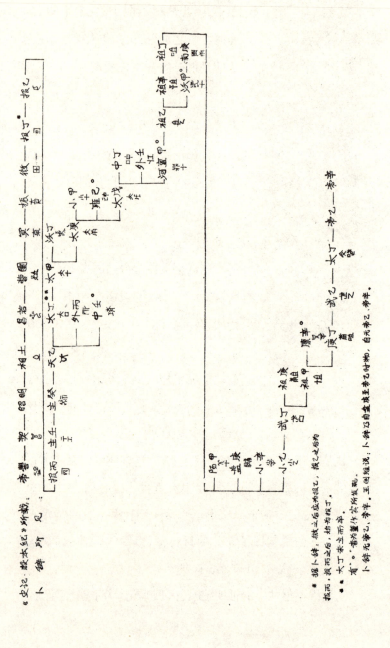

正了《殷本纪》中所排列的先公先王位次。依照卜辞，报丁应在报乙、报丙之后。同样，历史上的古籍，也因甲骨文的出现，受到严格的检验。正因其如此，所以郭沫若说："卜辞的研究，要感谢王国维。是他，首先由卜辞中把殷代的先公先王剔发了出来，使《史记·殷本纪》和《帝王世系》等书所传的殷代王统得到了物证。并且改正了他们的讹传。……我们要说，殷墟的发现，是新史学的开端；王国维的业绩，是新史学的开山，那是丝毫也不算过分的。"

继《殷卜辞中所见先公先王考》及《续考》发表之后，一九三二年，王国维的同乡、门人吴其昌在《燕京学报》上又发表《三续考》。一九三三年，董作宾在旧研究院集刊上也有文章继续考订殷王世系。比如，他把有先公先王的三片卜辞缀合在一起（图九），比王国维进了一步。此外，还有其他几位甲骨文专家做了补充。截至目前，殷王朝的历代祖先，仅昭明一人，在卜辞中尚未发现。

一九二五年，王国维由胡适介绍进入清华大学国学研究院任教授。不久，写了《古史新证》这部讲义。甲骨文研究，由此进一步步入了综合研究的新阶段。但四十五岁以后的王国维，实际上已成为新时代落后事物的殉葬者，最后投入北京颐和园昆明湖自尽了。郭沫若说："王国维研究学问的方法是近代式的，思想感情是封建式的。两个时代在他身上起了剧烈的阶级斗争。结果是封建社会把他的身体夺去了。"这该是对王国维所做的正确结论吧。

1

2

图九　先公先王卜辞的缀合

1.王国维的两片缀合

2.董作宾的三片缀合

八　甲骨的流散和外国人研究甲骨文

　　破天荒把甲骨文著录成书使之与广大社会人士见面的刘鹗,自从"八国联军"事件,他出面交涉开皇仓粜谷之后,就极为当局所不满,本来老早就有人说他是"汉奸",这次所犯的"罪"更大了。《辛丑条约》签订不久,清政府正式给他定罪:罚往新疆服苦役。于是,这位深通数学、懂得医理,而又爱好文学和考古,并且早年有极大抱负的洪都百炼生,连他的《老残游记》也尚未写完,就被押解边疆过罪犯生活去了。刘氏后来竟死在新疆。自然,他的家境也从此中落。最后,他的家属不得不出卖他生前所珍藏的甲骨。

　　在这里,我们要谈谈帝国主义对我国历史文物一向垂涎并且不择手段地多方盗窃、劫掠的事实。从甲骨在安阳小屯出土不久,甘肃敦煌千佛洞石室封闭了近九百年的宝贵文物也偶然被发现,这与新疆罗布淖尔、楼兰故址发现的汉晋时期的木牍、竹简、帛书,可以说都是我国近代文化史上重大的事情。这些中华民族的瑰宝一旦呈现人间,又哪能不引起帝国主义狼子野心的贪欲,一心要据为己有呢?于是,斯坦因(M.A.Stein)、伯希和(P.Pelliot)、吉川小一郎这帮人,用学者、探险家的名义,先后来到我国西北人烟稀罕的地区了。与此同时,另一些外国人,或利用他们工作上的方便,或发挥其金钱的魔力,到处搜购契刻殷代卜辞的甲骨。根据不完全的估计,安阳小屯出土的近二十万片甲骨,至少有两万至三万片流到了海外。至今纽约、伦敦、巴黎、东京等世界著名的都市的大博物馆中,就保藏着许许多多十分珍贵的中国历史文物。仅以甲骨一项而论,近八十年中,外国研究甲骨文的学者,殆近百人。学术无国界。中国的历史文物,能引起世界学者从事研究的热情,这原本是极可喜的事;但是我们千万不要忘记:在这桩喜事中竟包含着一段辛酸的往事。

如前所述,刘鹗在江苏丹徒的老家,不能继续保有刘氏所藏甲骨,于是,其中一部分就卖给上海滩上以贩卖鸦片起家的英国籍犹太人哈同,而另一部分则辗转流至东京归日本人所有了。

同时,住在安阳的长老会牧师加拿大人明义士(J.M.Menzies)获知甲骨的重大价值后,不惜花费大量金钱,先后买得大约五六千片。又,山东潍县骨董商人范维卿,是早先把甲骨带到北京,并且从王懿荣那里得知甲骨是重要文物的人。他和他的伙计李茹宾拥有不少的甲骨。由于"八国联军"事件的影响,他们带着这些货物回到山东故乡。这时,住在潍县的传教士英国人库寿龄(S.Couling)和美国人方法敛(F.H.Chalfant)①认为机不可失,也多次从商人手里陆续购进数千片甲骨,特别是库寿龄,把买进的甲骨运到西欧,转卖给博物馆和一些私人收藏家,获得了巨额利润。他在尝到甜头之后,觉得贩卖甲骨这种交易很不错,尔后还经手买了许多。他前后充当甲骨贩子达十一年之久,通过他的手而外流的甲骨,不下于一万到两万片。

明义士把所藏甲骨摹印了二千三百六十九片,书名《殷虚卜辞》②。《殷虚卜辞》的甲骨文字是比较可靠的。明义士对甲骨文的研究,也有一定的心得。如前所述,甲骨文的王字,早期作壬或王,就是他首先发现的。不过,明义士以发现殷墟的第一人自诩,那就未免可笑了。他在《殷虚卜辞》序言中,自述于

---

① 方法敛为查尔芳的汉名。1888年由美国长老会派来我国,在山东潍县传教。义和拳运动时,曾一度离开潍县,1901年回到原地。由于当时潍县市场出现大量甲骨,方氏开始收购。后来又介绍住在同县的英国浸礼会牧师库寿龄共同购买。方氏1912年回国,1914年去世。库寿龄又作库龄,亦作顾令,来我国较早。1900年山东肥城发生义和拳群众杀死英籍牧师柏鲁克一案,英使馆派上海副领事甘伯乐到山东观审,当时库龄即充当甘伯乐的秘书。库龄又曾担任山西大学堂堂长,并著有《中国百科辞典》,1917年在上海出版,他在1923年去世。荷普金斯又作霍布金斯,于1874年来我国,历任上海、烟台、天津等地领事,以研究中国古代文字著名。1888年在厦门将戴侗的《六书故》译成英文出版(《六书故》为南宋戴侗作,字多杜撰,在我国文字学学者中,历来受到訾议。荷普金斯选定此书译成英文,可见其对中国古文字学之认识极其低下)。他从1908年起,才开始对甲骨文进行研究。

② 明义士在此书自序中,说是甲寅年骑马去小屯,无意中向当地居民买得有字的甲骨。他当时长住安阳传教,搜购甲骨的条件自然强过别人。《殷虚卜辞》所提供的资料比较可靠,也在于此。明义士归国后,在加拿大多伦多大学任教授。1937年,白瑞华整理方法敛遗稿准备出版时,还请他对稿件进行鉴定。

1914 年春,才在小屯村买到"龙骨"。其时,《铁云藏龟》已出版了十一年;罗振玉的《殷虚书契菁华》也在这年出版了。

库寿龄、方法敛也印出了所藏甲骨的一部分,书名《库方二氏藏甲骨卜辞》。据说,其中颇有仿刻的赝品。

方氏归国后,于 1914 年死去。据悉,方氏生平每买进一批甲骨,必先画其图形,然后摹写甲骨上的文字。在别处见到甲骨时,也进行图摹。他把所摹的甲骨文,编为《甲骨卜辞》一书。死后,其书遗稿由其友人美国纽约大学教授白瑞华(R.S.Britton)保存。白氏于 1938 年从《甲骨卜辞》中选印了一部分。所选印的书中,有《甲骨卜辞七集》一种,包括七个部分,颇受到甲骨文研究者的重视。

此外,又有荷普金斯(L.C.Hopkins),中国名叫金璋,通过库寿龄搜集甲骨,为数不少,也印行了《金璋所藏甲骨卜辞》一书。不过,金氏所藏甲骨,其中掺有仿刻的假骨颇多;特别是金氏曾根据赝品写过论文发表,那就更没有价值了。

日本最早研究甲骨的有林泰辅,著有《龟甲兽骨文字》,分二卷,约千片。与林泰辅同时的甲骨文研究者,有高田忠周、河井仙郎、藤朝太郎诸家。其中高田忠周以甲骨文为主,尽数十年之努力,写有《古籀篇》及《学古发凡》等书,受到我国学者的称赏。

较林泰辅诸家稍晚的日本甲骨文研究者有梅原末治、贝冢茂树、岛邦男等。其中,贝冢茂树教授造诣尤深。例如,他曾经在他的著作中指出:在武丁时,除殷王朝的卜辞外,还有王族私家及多子族私家的卜辞。与我国学者不约而同地取得了创获。

九　郭沫若与董作宾

　　记得侯外庐在其《中国古代社会史》上说过这么一句话:甲
骨文早期研究成绩最大的是"三堂"先生。即王观堂(国维)、董
彦堂(作宾)、郭鼎堂(沫若)。在我国南方某些地区的读书人
中,过去提到甲骨文,往往加上罗振玉——雪堂,称为"四堂"。
罗、王两家,前面已经说过,现在就来讲郭与董两家。

　　郭沫若,四川乐山人,为众所周知,他是我国当代的权威学
者,并以其卓越的学问及自始至终忠于人类进步事业而闻名于
全球。郭氏 1978 年 6 月 12 日病逝于北京,巨星陨落,举世同
悲。郭氏在学术领域内,研究范围很广,成就也是多方面的。既
是文学家、史学家,又是考古学家。此外,还搞过翻译,也讲究诗
词和书法。他之从事甲骨文和金文的研究,是 1927 年大革命失
败、亡命日本时开始的。然而后来居上,他对甲骨文的贡献,远
远逾越前人。笔者个人的见地,认为这首先应归功于他具有辩
证唯物主义与历史唯物主义的立场和观点。他的甲骨文专著有
如下几种:

一、《甲骨文字研究》 1931年出版。共收考释论文十七篇，篇篇都贯彻新的史学观点，因而影响甚大。

二、《卜辞通纂》 1933年在日本出版。这部书的主要贡献，除关于甲骨断代、碎片拼合、田猎区域、虹蜺传说等等方面为过去罗、王诸家所未识外，最突出的创见是以╳甲为沃甲、以矞甲为阳甲，解决了殷先王中历来争论不已的问题。

三、《殷契粹编》 1937年在日本出版。此书是在刘体智所藏甲骨二万余片中，取其菁华而成。书中创获创见亦多。

此外，在《中国古代社会研究》《十批判书》以及《奴隶制时代》等著作中，也存在有关甲骨文研究的论述。

郭氏在《甲骨文字研究》序言中，曾这样写道："余之研究卜辞，志在探讨中国社会之起源，本非拘泥于文字史地之学。"这就是说，他的出发点和以往的甲骨文专家完全不同。他是运用马克思主义的观点方法从事甲骨文研究的第一人，他创造性地把古文字学和古代史的研究结合起来，开辟了史学研究的新天地。但郭氏并非好高骛远、空谈理论的人，他在考释甲骨文的一字一义时，下过许多深入细致的功夫。他说："识字乃一切探讨之第一步。故于此亦不能不有所注意。且文字乃社会文化之一要征，于社会之生产状况与组织关系略有所得，欲进而追求其文化之大凡，尤舍此而莫由。"这短短几句话，把甲骨文研究中识字这个基本环节的重要性概括无遗，是从实践中来、研究有得的经验之谈。他在《中国古代社会研究》一书中，谈到卜辞出土之历史时所说的一段话，更具有极深刻的意义，是研究甲骨文字的人不可不铭记在心的。他说："甲骨的研究，此后恐亦未有涯涘。

中国学者,特别是研究古文字一流人物,素少科学的教养,所以对此绝好史料,只能零碎地发挥好事家的趣味,而不能有系统的科学的把握。"是的,从兴趣出发,一鳞半爪地钻牛角尖;或凭一时灵感,不惜臆测、武断;以及旁征博引,陷入烦琐哲学,都不是科学研究的正确道路,未免对不起这种三千多年前的绝好史料!

郭氏从旅居日本与甲骨文打交道起,直到晚年,对甲骨文的研究兴趣从未衰减。其研究方向与考释文字时的各种见解,对甲骨文学者,都具有莫大的启发意义。我们认为胡厚宣在《郭沫若同志在甲骨学上的巨大贡献》一文①,对郭氏所做的评价是很正确的。当然,郭氏在甲骨文研究中,个别地方亦有自信过甚、结论过早之处。如他对殷代农业的发展,在甲骨文著作中就曾经三易其说。这里,不妨举个小小的例子来谈谈。《殷契粹编》在郭氏的甲骨著作中,出在《甲骨文字研究》及《卜辞通纂》之后,其中一一六二片内容是:"丁酉卜,其呼多方小子小臣其教戒。""多方小子小臣"与"其教戒"是不是可以连读,值得研究。即算是如郭氏所释,终究还是孤证;且与同书一四二八片"假火代祸"这条孤证有所不同。而郭氏根据一一六二片这一条,遂谓"与殷邻近各国有派遣留学生于殷都之事"。立说固属新颖,然毕竟是一家之言。类似情况还有。可是,郭氏在学术上勇于自我批评,具有十分谦逊的

---

① 胡厚宣《郭沫若同志在甲骨学上的巨大贡献》一文,载《考古学报》1978年第4期。

学者风度,多也是值得我们学习的①。

董作宾最大的特点是他本身是考古学家,经常参加野外发掘工作。其有关甲骨文研究专著,也大半刊载于发掘报告上。主要的专书有如下几种:

一、《新获卜辞写本》,1929 年底出版。载《安阳发掘报告》第一期。共收甲骨三百八十一片。

二、《小屯殷虚文字甲编》,1948 年商务印书馆影印出版。

三、《小屯殷虚文字乙编》,1949 年商务印书馆影印出版。

四、《殷历谱》,1945 年发表。

董氏对甲骨文最大的贡献,是做了卜辞断代研究,从 1932 年开始,有显著成绩。1935 年出版的《庆祝蔡元培先生六十五岁论文集》上卷,刊有董氏所写论文《甲骨文断代研究例》。他把殷墟出土的甲骨文分为五个时期,并指出各个时期卜辞的特点。于是,自盘庚迁殷至纣亡国凡二百七十余年之卜辞,一望即知其属于哪一王朝。郭沫若在《十批判书》中讲过:"继王国维之后,在这一方面贡献最多的要算董作宾。……由于董氏的研究,我们可以知道每一辞或每一片甲骨是属于哪一王朝的绝对年代了。这样,便更增进了卜辞的史料价值。"在卜辞的本身中,我们也可以看出发展来了。

认真地说,关于甲骨文断代,是从王国维开始的。他根据卜

---

① 郭沫若在《十批判书》第一篇《古代研究的自我批判》中说:"我首先要谴责自己,我在 1930 年发表的《中国古代社会研究》一书,实在是太草率、太性急了。"又在《中国古代社会研究》新版引言中说:"错误是人所难免的。要紧的是不要掩饰错误,并勇敢地改正错误。"

辞的"称谓"来确定其年代。1930年，殷墟发掘尺二大龟四枚，董作宾对它进行了研究。第二年，在《安阳发掘报告》第三期发表了《大龟四版考释》；并从大龟四版受到启示，进而依"世系""称谓""贞人""坑位""方国""人物""事类""文法""字形""书体"之不同，加以比较、归纳，做出了甲骨文断代的重大贡献。在以上十个标准中，"贞人"占极重要地位，因而有人称之为"贞人断代"。

所谓甲骨文断代，即用科学的方法，把殷墟出土的甲骨文，分为五个时期：

武丁为第一期(图十)；

祖庚、祖甲为第二期(图十一)；

廪辛、康丁为第三期(图十一)；

武乙、文丁为第四期(图十二)；

帝乙、帝辛为第五期(图十二)。

各期卜辞的特点很显著。例如：从第一期至第三期的卜辞，原则上都录"贞人"，不录"贞人"者为例外；但到第四期便不录"贞人"了。第五期间有录"贞人"的，不过百分之一二。又如：第一、二期的卜辞中，"卜旬"时既录"贞人"，又记月份；第四期既无"贞人"，又无月份，而且仅书贞不称卜了。贞和卜是有区别的：卜是灼兆，贞乃问事、记辞。武丁时往往王亲临问事，但并不亲卜。至第五期，则贞卜均已由王亲临了。这样，又可看出殷王与向来掌握贞卜大权的史官之间的关系在不断嬗变。

图十　第一期卜辞

252

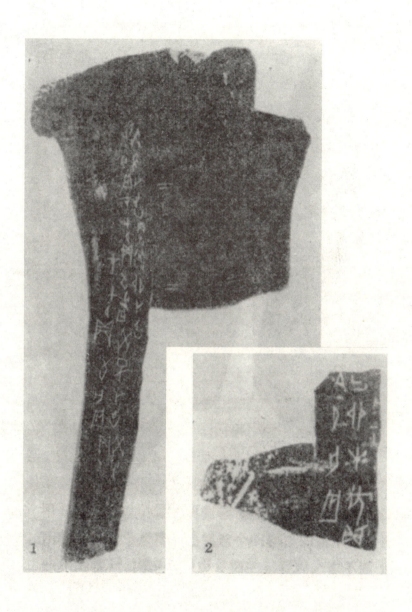

图十一　第二、三期卜辞

1.二期卜辞　2.三期卜辞

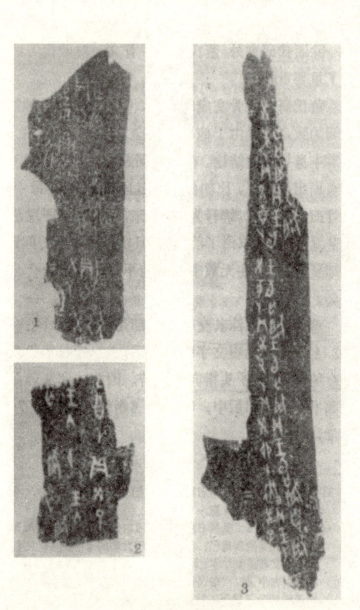

图十二　第四、五期卜辞

1.四期卜辞　2、3.五期卜辞

254

甲骨断代，在甲骨文研究领域起过很大的推进作用。历来甲骨文专家莫不重视这个问题，而且不断地进行进一步的探讨。同时，殷墟发掘的新发现，也不断地提出新问题，对董氏的断代方法提出了挑战①。

除断代研究外，董氏通过甲骨文，对殷代历法也做出了重要贡献。

董氏研究甲骨文成绩固多，错误也不少。他对这门学问的致命伤是由于他否认社会发展规律的学说，无视科学本身导致的结论。在个别问题上，他可以放弃自己原来提出的见解，比如他发表过风行一时的《帚矛说》，把骨臼刻辞的𠁁，解释为矛。后来，别人有不同说法，他也发觉不对，就取消了前说②。但在带根本性的问题上，他却坚持己见，在无数事实面前不承认殷代社会是奴隶社会。

---

① 在董氏《断代例》发表之后，不少专家在断代问题上，都有一些很可贵的意见。如郭沫若在《殷契粹编》考释 20 片、377 片、395 片、1410 片、1395 片……时，就提出了一些独到之见。胡厚宣在编次战后《平津》《宁沪》《南北》甲骨诸集时，把按董氏说应分别归入第三期和第四期的甲骨，合而为一，等于修正了董氏的五期分法。日本贝冢茂树也写了《甲骨文断代研究的再检讨》。陈梦家出过一本《甲骨断代学》，虽未突破董氏的成就，但在贞人问题上，也有一些新内容。我们对董氏的断代方法，应持一分为二的态度。实践是检验真理的唯一标准，殷墟出土的新材料，不断向董氏的断代方法，提出了挑战。最突出的一次，是 1976 年春"妇好"墓的发现。第一期甲骨文中，大约有两百多处出现"妇好"，而四期甲骨文也有"妇好"。"妇好"到底是武丁的配偶还是武乙、文丁时期的什么人？由"妇好"墓的断代，自然而然地牵涉到对董作宾的断代方法发生了怀疑。

② 董作宾在《安阳发掘报告》第四期发表了《帚矛说》，后来在《说文》月刊上发表《殷代的羌与蜀》一文，改正旧说。

　　董作宾同郭沫若交锋过。那是董在《中国考古学报》上发表《殷虚文字甲编自序》时,反对殷代是奴隶社会的说法,把矛头指向郭沫若。因此,郭沫若在《十批判书》改版书后中,写了以《蜥蜴的残梦》为题的文章,给予批评。

十 "四堂"外的甲骨文研究专家

甲骨文作为一门学问,在草创时期,罗振玉与王国维,尤其是后者,固然树立了很大的功绩;但是,这两人毕竟受到世界观的限制,使他们对甲骨文的研究,不可能再向前推进。在甲骨文发展史上,较罗、王二氏略为晚出而成就甚大的,有郭沫若与董作宾。这两人由于立场不同,研究目的不同,虽然同样获得不平凡的成就,而董作宾所带来的,仅限于他个人的业绩;郭沫若则以自己的努力和收获,给这门学问开辟了一条新的道路,使它与社会发展相联系,与人类进步事业融为一体。

前面,我们已分别谈到"四堂"。除"四堂"外,还有许多甲骨文研究专家,做出了许多的贡献。语云:"汇百川而成巨海。"又云:"万紫千红总是春。"没有较多的甲骨文研究专家,就不会创立甲骨文这门宏博的专门学问。甲骨文研究的八十年的历史,是与这些专家兢兢业业、勤勤恳恳,甚至把毕生精力献给了它分不开的。所以我们在讲了"四堂"之后,下面简略地叙述一下其他的专家。

商承祚,字锡永,号契斋。他研究甲骨文字,是在罗、王两家指导之下进行的。于1923年,把已经考释出来的甲骨文,依许慎《说文解字》部首,分门别类,著成一书,名为《殷虚文字类编》。可说是开甲骨文整理工作的先例,成为后来学者入门之阶。此外,商氏还编印和考释了《福氏所藏甲骨文字》,又编辑了《殷契佚存》,都有益于甲骨文的研究。

叶玉森,字荭渔,号中泠亭长。为刘鹗之乡人。于1923年有《殷契钩沉》二卷,刊于《学衡杂志》,内容颇多独到之处,因之博得学者好评。1924年,又著《说契,研契枝谭》。嗣后,鉴于刘鹗所藏甲骨势将全部流散,乃于1928年,尽力之所能及,收得一千三百版,把《铁云藏龟》与《铁云藏龟之余》所未著录者拓印二百四十版,为《铁云藏龟拾遗》一卷行世。

与叶玉森同时的有天津王襄,著有《簠室殷契征文》。其书间有赝品,但绝大部分是可靠的。王氏考释时,引证详明,贡献亦多。王氏又尝据刘鹗、罗振玉、王国维三家所著录,仿《说文古籀补》体例,印行《簠室殷契类纂》,虽无发明,而便于检查。

郭沫若尝谓叶、王两家,随波逐流,不足重,是不甚恰当的。

朱芳圃,醴陵人,尝著《孙诒让先生年谱》,其甲骨学亦以得之孙氏、罗氏、王氏者为多。所著《甲骨学文字编》及《甲骨学商史编》分别由商务、中华两书局出版。前者汇集诸家之说,无所发明。闻其尚未整理完竣之著述尚多,死后遗稿尽归河南大学①。

远在甲骨文出土之前,国内学者研究金石文字取得的成绩,

———

① 朱氏晚年病目,乡居蓂口,想整理其旧著,未能如愿,于1974年下世。

已跨过宋代学者。早期的甲骨文专家，几无不兼通金文。罗振玉、王国维如此，郭沫若亦然。现存诸大家，大抵相同。其中以于省吾、容庚、唐兰三家尤为重要。

于省吾，字思泊，海城人，与长沙杨树达先生一样，以当代经学大师出其绪余，研究古文字。其《易经新证》《尚书新证》等，皆有新见解。甲骨文方面有《双剑诊殷契骈枝》初编、续编、三编等，闻其尚未发表之新著甚多。新中国成立后，讲学之余，撰述弥富。

当代可与于氏匹敌的老一辈专家，有东莞容庚、秀水唐兰。

容庚，字希白，潜研金文逾半个世纪。很早以前，仿吴大澂《说文古籀补》，删去货布、印玺、陶器诸文，作《金文编》，收字在一万以上。为考究古文字者必读之书。其甲文专著有与瞿润缗合编之《殷契卜辞》，及独力撰写之《卜辞研究》。

唐兰则有《天壤阁甲骨文存》《殷虚文字记》《殷虚文字研究》多种。而其《古文字学导论》范围包括甚广，又不独以甲骨文为研究对象了。唐氏的研究方法，尤为值得学习。如他在《导论》中所提出的辨明文字形体的方法，甚多独到的见解。

于、容、唐三大家，最不可及的，不仅是博大精深，为我国古文字学研究的老一辈代表人物；尤为难得而可敬的是：均以八旬高龄，孜孜不倦，为祖国学术事业奋斗不已。新中国成立后在全国学术刊物上，时常得读三老文章，多么感人的精神啊！一九七九年一月，唐兰同志病逝，使人对这位在甲骨、金文、历史学有精深造诣的学者深切悼念。

容氏的学生潢川孙海波，著有《甲骨文编》，把各家著录公布了的甲骨文，荟萃在一起，给予研究者极大方便。孙氏在考释上，也做出了一定的贡献。继《甲骨文编》之后，孙氏另有《古文声系》。

陈梦家也是容氏的学生，研究金、甲文，著述颇多，特点是敢于创新立异。晚年集中力量，从事甲文断代的进一步研究。其《殷虚卜辞综述》一书，搜罗材料极为丰富，惜对一般读者帮助不大。

更有吴其昌、丁山、张政烺，都是甲骨文大家。写过多篇价值大、影响广的著名论文。吴氏的《殷卜辞所见先公先王三续考》，足以补其师王国维的论文所不及，不愧与王氏的两篇考证鼎足而三。丁山的《中国古代宗教与神话考》，在甲骨文研究中别开生面。张政烺早年的《奭字解》及近年的《释甲骨文俄隶蕴三字》，都有独创精神。

此外，还有陈邦福著有《殷虚霾契考》及《殷契辨疑》；胡光炜著有《甲骨文例》；周传儒著有《甲骨文字与殷商制度》；黄濬著有《邺中片羽》；关百益著有《殷虚文字存真》；陈直著有《殷契賸义》；徐仲舒著有《耒耜考》；余永梁著有《殷虚文字考》……真是后先辉映，数不胜数。

最后，要特别提到胡厚宣。胡氏对甲骨学用力深、收获厚，著作多而精。其《甲骨学商史论丛》问世较早，赢得了极高的国际声誉。日本白川静教授称之为"这一学科空前的金字塔式的论文集"[①]。至其战后新获甲骨诸集中所著录的甲骨文，与以往

---

① 见日本出版的《立命馆文学》1953 年第 102 至 103 期白川静教授所写长文，题为《胡厚宣氏之商史研究》。

各家的著录放在一起,可算是集甲骨学之大成。1949 年,胡氏撰有《五十年甲骨学论著目》,是半个世纪以来甲骨文研究的一篇总账单。我们希望胡氏能更好地总结过去,起承先启后的重大作用。近十余年来,胡氏正从事《甲骨文合集》这一巨大的富有历史意义的工作。将来《合集》完成,定会给整个学术界带来益处,这是可以预知的。①

更后,尤须提及一些年辈较晚,但研究成绩突出,真正代表甲骨文这门科学新生力量的专门学者, 如李学勤、裘锡圭等。这些学者每有论著,其精到之处为前辈所不及。

在甲骨这种新的史料面前,不少进步的历史学家,都极为重视它,引用它来充实自己的著作。如侯外庐、束世澂等。其中如吴泽,几乎全部用甲骨文为依据来撰写殷代史。但是,学业专攻不同,我们不把他们列入甲骨文专家内。同样,语言学家如王力、杨伯峻、管燮初、黄载君等,历法学家如刘朝阳等,或写过有关甲骨文的论著,或致力探讨甲骨文中与其专业相关的某些部分,也不列入这个队伍。甚至从事安阳发掘工作的考古学家如李济、郭宝钧等,他们提供了无数珍贵的甲骨资料,为治甲骨学者不可缺少的必读之物;又如从事甲骨工作多年,为甲骨的缀合、复原,献出过不少心血的学者如郭若愚、曾毅公等,我们也一概从略了。

---

① 《甲骨文合集》为殷墟甲骨的大型汇编,由郭沫若任主编,胡厚宣任总编辑,中国社会科学院历史研究所《甲骨文合集》编辑组编纂,1979 年 10 月至 1983 年 1 月期间全部出齐,共 13 册。

十一 谈谈卜辞怀疑论者

在这里，我们要讲一段插曲。我们知道，随着甲骨文研究的日益发展，学者们对殷代社会所揭示的内容，说服力也越来越强。但是，学术界人士对甲骨文持怀疑态度的，并非没有。早期持怀疑态度的学者，可以举章太炎为代表。章氏在其《国故论衡》一书的《理惑篇》中表示卜辞之不可信。他的理由是经不起反驳的。一般学人认为章氏之所以要反对甲骨文，是不难理解的，因为他害怕别人使用甲骨文的犀利武器来攻击他的"初文"学说。

章太炎原名炳麟，字枚叔，后改名绛，号太炎，浙江余杭人。辛亥革命前，由于参加旧民主主义革命，为清政府所迫害，避居日本，在东京讲学、著书。写有《文始》《新方言》《小学答问》等书。其《文始》一书，顾名思义，是讲论文字的起源。他深信许慎所说："依类象形，故谓之文；其后形声相益，即谓之字。字者，言孳乳而寖多也。"这几句话在章氏心目中，成为铁的规则。他基于这种认识，创立新的学说，宣布"独体为文，合体为字"。

把独体者定为"初文",准独体者定为"准初文",二者相加,共得五百一十字。依他的看法,这就是原始的字。所有其他的字,都是从这五百一十个字演变而成。当然,《文始》一书并非一无可取,书中讲古音对转,极为精邃,不失为汉语语源学方面一部重要著作。但是,其"初文"立说是根本错误的。殷墟出土的甲骨文,是比较早期的文字,它毫不留情地指出了章氏的错误之所在,否定了章氏的"初文"立说。

章太炎的弟子黄侃,字季刚,湖北蕲春人。步随乃师之后,也不以甲骨文为然。先是,孙诒让治金文四十年,所见彝器铭文逾两千种,再参以甲骨文字,写成《名原》一书,欲穷文字之本。他在此书序言中提到:

> ……今《说文》九千字,则以秦篆为正。其所录古文,盖据拾漆书、经典及鼎彝款识为之。籀文则出于《史篇》,要皆周以后文字也,仓沮旧文,虽杂厕其间,而叵复识别。……自宋以来,彝器文间出,考释家或据以补正许书之讹缺;迩年又有龟甲文出土,尤简淆奇诡……

黄侃反驳他说:"近日甲骨诸文,出自泉壤,虽其物未必皆赝,而说者纷纭,一无师以证。……"在黄氏看来,"无师以正",就是要不得,理由多么脆弱啊!

据说,日本学者饭岛忠夫在其《支那历法起源考》中,也和章太炎一样,对甲骨文持怀疑态度①。是不是也因为他的历法方面的考证文章,其中某些论点,与甲骨文所揭示出来的殷代天文历法有所抵触呢? 那就不得而知了。

时光飞快地过去了数十年,甲骨文最早的反对者,早已被人们遗忘。但是,唯心论与唯物论之间的斗争既然没有终止,那么,用非科学的态度来对待甲骨文的人,总是有的。

早几年,于省吾在《关于古文字研究的若干问题》中就讲到这件事。他说:有的人说"研讨三千年上之残余文字,若射覆然"。也就是说,这些人"把研究古文字当作猜谜"。把研究古文字当作猜谜的人,其中有的就是对甲骨文持怀疑态度。为什么到今天还有人抱这种看法呢? 很可能是因为甲骨文某些字,专家们在考释时,各有各的说法。表面上看来,似乎众说纷纭,莫衷一是。又有一些字,专家刚发表其立说,过了不久,又自行否定了。看去好像研究者自己打自己的嘴巴,甚至害得一些引用其说法的人啼笑皆非。于是,有的人就慨叹:研究甲骨文像猜谜! 你说他讲得不对吗? 他说,连董作宾都曾经说过这话呢。其实,郭沫若一再讲过:"卜辞研究,是新兴的一种学问,它是时常在变迁着的。""甲骨文的研究,是方兴未艾的一种学问。前人的成说,每每不久便被推翻。"②

我们认为:决不能因为甲骨文的某些字,专家们的解释不

---

① 郭沫若《中国古代社会研究》一书附录一《殷虚之发掘》谓:"章太炎《国故论衡》卷上《理惑篇》;日本饭岛忠夫博士《支那历法起源考》第十章《干支起源说》,均怀疑卜辞。而理由甚薄弱。"
② 以上均见《十批判书·古代研究的自我批判》。

一,或前后说法不同,就怀疑甲骨文本身。当然,从研究者的角度来说,应当力求严谨,努力做到实事求是。彼此之间有争执,应从善如流,不要放不下专家架子,更不要带有门户之见,这是旧社会学者们最容易犯的毛病。在一般人说来,既要相信科学,又要破除迷信,切勿拜倒权威之下。郭沫若在上面所引两节话之后,接着又写道:

> ……古时传说殷人以生日命名,故名中多见甲乙丙丁字样。因此,凡彝器中有祖甲父乙妣庚母辛或兄壬妇癸者,在前便一律认为殷彝。……近来发现穆王时的《遹簋》有"文考父乙";懿王时的《匡卣》有"文考日丁"。足见以日为名之习,至西周中叶还存在。而且已被证明:不是生日而是死日了。这一条例一被打破……,罗振玉的《殷文存》便差不多全靠不住。

郭沫若又说:

> 爱被新史学家们征引的"龛奴"说,早就被扬弃了。龛是娩字,奴是嘉字。又例如"帚矛"说也早被扬弃了。

科学的真理,并非一下子就成为定论,有时要经过无数次的反复,才确立不易。甲骨文自然也不例外。为什么因为甲骨文难认,就轻率地否定甲骨文呢?

十二　甲骨文字的研究方法

　　学者们是怎样进行甲骨文字的研究工作呢？王国维在《毛公鼎考释序》中写道：

　　　　苟考之史事与制度文物以知其时代之情状；本之诗书以求其文之义例；考之古音以通其义之假借；参之彝器以验其文字之变化。由此而之彼，即甲以推乙，则于字之不可释、义之不可通者，必间有获焉。①

　　这段话虽不长，却概括了研究古文字的基本方法。王国维说：清代末年金文学家孙诒让、吴大澂等，都是"本此方法"考释古代器物铭文的。王国维研究甲骨文字，也是用的这些方法。

　　王力在《中国语言学史》第十三节中，对甲骨文字的研究和考释万法，说得更为具体、明确。现在把他的原文引录于下：

----

① 　见《观堂集林》卷六艺林六。

　　甲骨文专家们是怎样进行研究甲骨文达到识字的结果的呢？大致说来,有这样几个原则:

一、以《说文》为证　例如"宁"字(古贮字),《说文》作 ⚎,甲骨作 ⊔,就知道是"宁"字。又如:"凤",《说文》作 🜚,从鸟,凡声;古文作 🜚、🜚 二形。甲骨文作 🜚,与 🜚 相似;又作 🜚,正是从凡。

二、与金文互证　例如"锡",金文作 🜚、🜚 等,甲骨文正作 🜚 等。又如"车"字,写法很多。其中有一种,在金文作 🜚,在甲骨文作 🜚,都是象轮毂辕轭之形。当然也有既以《说文》为证,同时又以金文互证的。

三、从甲骨文本身归纳　这是一个最科学、最有效的方法。例如"甲"字,《说文》作 甲,但是甲骨文一律作 十,没有作 甲 的。又如"丁"字,《说文》作 个,但是甲骨文作 □,没有作 个 的。又如"十"字,《说文》作 十,那是甲骨文的"甲"字;在骨文中"十"字一律写作 │。归纳的方法适用于出现频繁的字。材料越丰富,可信的程度越高。

四、从字的形象来判断　例如甲骨文有 🜚、🜚、🜚,都像一只手按着一个人让他跪下,所以罗振玉断为"抑"字。"抑",在《说文》写作 🜚(重文作 🜚),以为从反印(隶作 🜚),其实是不对的。又如人就食为"即"𝕰𝕰，食毕反身而去为"既"𝕰𝕰，两人相对而食为"卿"𝕰𝕰，也都是从形象来判断的。

五、从文化史上来考证　例如"官"字，甲骨文作𝕲，作𝕭，因为远古穴居，𝕎𝕎象连环穴。《说文》所谓"官、从宀从𨸏省声"，都是附会的说法。又如《说文》"玉"字下云："象三玉之连，丨其贯也。"说得很对。但是，既然是贯，自然可以露出两端。因此，我们可以推知甲骨文中的丰，也是玉字，玤则是珏字了（参看王国维的《说珏朋》）。

　　王氏所归纳的五条，均极中肯。不过，第二条以甲骨文为证，专家们从已识的字推知不识的字，不仅是从字形上去比较、归纳，也常常归纳卜辞的辞例，从字义上去推究。同时，我们知道，字形、字音、字义三者有着内在的联系。本节开始说过，王国维曾经讲到通过古音以明假借的方法问题。因为古时候的字不够用，所以甲骨文中出现很多假借字。我们如果懂得音相同或相近的字可以通用这一条，就能够认得较多的字。王国维《殷卜辞中所见先公先王考》第一条释夋，举出金文中的羞和柔，与甲文的夒是一个字，就是用的古音同部相借的方法。王力所说第五条，从文化史上来考证，似乎也可以说得宽阔一些。

　　甲骨文专家时常从古文献中去寻找线索，引用古文献来说明甲骨文，又用甲骨文来印证古文献或纠正古文献。这种辩证的方法，往往收到莫大的效果。像《尚书》《周易》《诗经》《左传》《国语》《世本》《竹书纪年》甚至《山海经》以及先秦诸子百家之书,都是研究甲骨文的有用资料。

当然,这是就如何认识甲骨文字的基本方法而言,至于研讨甲骨文所包含的内容,过去已有很多成就,进一步做深入研究,更有待于专家学者进行创造性劳动。

于省吾在《关于古文字研究的若干问题》①中谈到研究方法的问题时说:

　　我们研究甲骨文和金文用什么方法呢?我们要学好辩证法,掌握辩证法,运用辩证法。对文字的点画或偏旁以及它和音义的关系,要做出精辟的分析。因为任何文字都不是孤立的,它们彼此之间,既有区别,又有联系。我们的研究,既要具体,又要全面;既要寻出横面的同一时期的相互关系,又要寻出纵面的先后时期的发生、发展的变化的规

---

① 　见《文物》杂志 1973 年第 2 期。

律。其次,我们还要懂得清代汉学家的考据学①。考据学包括文字、声韵、训诂、校雠、辑佚、辨伪等方面。考据学不是直接为历史科学服务的,但在史料复原上曾起到一定的作用。考据学有很大的局限性,但它的无征不信,却有着一定的实事求是的精神。我们要在清代汉学家用考据学取得的某些优秀成果的基础上,进一步来研究甲骨文和金文。

于氏强调掌握辩证法的重要性,同时又提到要懂得一点考据学。这些从实践中来的宝贵意见,是值得重视的。

---

① 梁启超于《清代学术概论》中,论及王念孙、王引之父子在考证古书方面的成就时说:"诸公何为能有此成绩耶? 一言以蔽之曰:用科学的研究法而已。试细读王氏父子之著述,最能表现此等精神。吾尝察其治学方法,第一曰注意。凡常人容易滑眼看过之处,彼善能注意观察,发现其应特别研究之点。所谓读书得间也。自有天地以来,平果落地,不知凡几,惟奈端能注意及之;家家日日皆有沸水,惟瓦特能注意及之。《经义述闻》所厘正之各经义,吾辈自童时即习诵如流,惟王氏能注意及之。凡学问上能有发明者,其第一步工夫必恃此也。第二曰虚己。注意观察之后,既获有疑窦,最易以一时主观之感想,轻下判断。如此则所得之'间',行将失去。考证家决不然,先空明其心,绝不许有一毫先入之见存。惟取客观的资料,为极忠实的研究。第三曰立说。研究非散漫无纪也,先定一假定之说以为标准焉。第四曰搜证。既立一说,绝不遽信为定论,乃广集证据,务求按诸同类之事实而皆合,如动植物学之日日搜集标本,如物理化学家之日日化验也。第五曰断案。第六曰推论。经数番归纳研究之后,则可以得正确之断案矣。既得断案,则可以推论于同类之事项而无阂也。"梁启超所说,实际上是阐发清代汉学家的治学方法。

十三　以往的成绩

　　在过去几十年中,经过学者们辛勤劳动,究竟取得了哪些成绩呢? 根据 1915 年罗振玉的统计,当时能识的字,仅四百八十五个。以后逐渐增加,1927 年已达五百七十个。不认识的有九百一十八个。1929 年,王襄总计已识者为八百七十二字,不可识者为一千九百九十四字。字之总数为二千八百六十七个。1934 年,总计可识者为一千零六字,不可识者为一千一百十二字。罗振玉的《殷虚书契待问编》和商承祚的《殷虚文字类编》所附的《待问编》中那些当时不识的字,有很多也由未知到已知。郭沫若于 1953 年出版的《奴隶制时代》一书中说:"根据不完全的统计,大约有三千五百字光景。其中有一半以上是可以认识的。"1963 年王力在《中国语言学史》上说:"现存的甲骨文单字有三千个左右,直到今天为止,被认识的不到一半。"1973年于省吾在《文物》上发表的一篇讲话中说:"截至现在止,甲骨文不重复的字,约共四千五百多个。"他又说:"已识的字,不超过一千。"胡厚宣则认为出土的甲骨文绝不止此数。

　　为什么这些专家的说法不一致呢？因为谁也不敢说所有出土的甲骨文，曾经全部过目，只不过就见闻所及，约略计之。至于已识的字，认为大约在一千五百个左右，是比较接近事实的。可是，为什么于省吾又说已识者不会超过一千呢？是因为有些原来认识的字，后来又被推翻。因此，有些字，专家之间的认识还有分歧，不好做定论。说得谨慎一点，可识的字，估计还不到一千。也许有人会这样说：几十年的时间，才认得千多个字，那算什么成绩！这，最好用王力的话来做回答。他说："甲骨文本身的研究，实际上是对三千年前的祖国文字进行识字的工作。……时代距离那样远，能认识千字以上，已经是很大的成绩。"

　　当然，成绩决不限于识字，而是通过识字达到研究历史的目的。甲骨文的史料价值，也就在于此。大致说来，我们研究甲骨文，首先是要了解殷代的真实的社会历史。因为殷代距离我们很远，古书上所说的也很简略，而且大多是经过后人粉饰的。所以从前有人说，三千年前的古代社会史，还是一个空白。有了甲骨文，殷代社会史的空白不就可以逐渐填补起来了吗？我们认识了这千多个甲骨文，就粗略地知道三千年前殷代社会的真实面貌。这个历史上的奴隶制社会到底是怎样的？它的经济结构如何？农业生产发达吗？使用什么耕具？种植一些什么农作物？生产关系是怎样的？当时的人生活得怎样？人与人之间生活有何差别？他们打仗怎样打的？与邻近部族的关系怎样？特别是怎样可以断定它是奴隶制社会，既不是原始氏族社会，也不是封建制社会？这一系列的问题，开始是认识不清的。正是由于对甲骨文的内容进行了研究，同时殷墟发掘取得巨大成绩，也不断地揭示和说明当时的实况,因而对以上这一系列的问题便逐渐有了一个比较明确的答案。

其次,我们还可以通过对甲骨文的研究,进一步了解三千年前殷王朝统治下的地理形势、社会风俗等等。

再其次,我们可以把卜辞中了解到的拿来和古书上所说的互相比较、互相印证,从而知道历史上一些文献的可靠程度如何。

研究甲骨文,又可以拿它和金石文字对照、比较。这与研究中国语言文字有着血缘的关系。因为中国语文中的汉字,是直接从包括甲骨文在内的古文字一路演变下来的。我们不是可以从中检视语文发展的情况,发现一些规律吗?

此外,甲骨文还替我们保存了许许多多珍贵的科学和艺术方面的资料。诸如历法、气象,乃至图画、音乐、舞蹈等。

过去对甲骨文的多方面研究,已经取得了可喜的成就。尤其是新中国成立以后,把甲骨文研究与殷墟考古发掘进一步结合起来,取得了比以前更大的成就。新中国成立后殷虚考古发掘收获之大,远非过去所能比。例如:武官村大墓的发掘,为殷代是奴隶制社会提供了更确凿的证据。近年来"妇好"墓的发现,更是空前的。这些考古发掘,正好与甲骨文研究互相应验,互相发明。

当然,作为史料的甲骨文,它本身也受到一定条件的限制。因为它毕竟是卜辞,而且是属于奴隶主贵族使用的卜辞,绝非殷代文字的全部,加上甲骨出土时百分之九十八九是破碎的,其中不少文字残缺不全,所以它所反映的奴隶制社会的实际情况也就很有限了。因此,从事甲骨文的研究,在辨认它和应用它来说明问题的全部过程中,必须实事求是,严格遵守科学的原则。倘若掉以轻心,或主观臆测,那就很可能导致荒唐或荒谬的结论。

总之,不管你要达到什么研究目的,都要以识字为基础,都与从甲骨上面认识一个一个的字分不开;都与通读、通晓每一卜辞的具体内容分不开。不错,有些问题至今仍未得到解答,但不久的将来,是一定能够得到解答的。尤其是那些有争论的问题,等到进一步研究,有了新的发现,或是又有了新的出土材料,专家的意见统一了,问题也就迎刃而解。至于对那些不认得的字怎么办?郭沫若说:"不认识的字,大多是专名,如地名、人名、族名之类。其义可知,其音不得其读。"(见《奴隶制时代》中《古代文字之辩证的发展》)这是一种说法。于省吾说:"这并不是说,关于考释古文字,今后就绝望了。……依靠群策群力,积久钻研,当然会有更多的发现和发明。"(见《关于古文字研究的若干问题》)这又是一种说法。把这两家的话合起来说,就是:不认识的甲骨文,大抵不过读不出音来,它的意义还可揣想而知。只要大家努力,终究会一天天地认得的字较多、较准确。跟着,所了解的当时社会情况也随之而逐步扩展和增多。

1

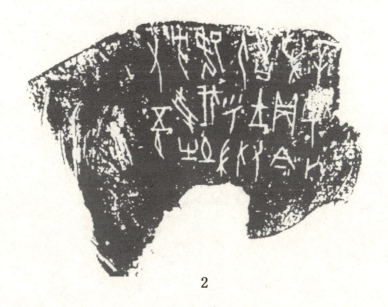

2

图十三　"妇好"的文字

1."妇好"墓出土铜器铭文

2.卜辞中的"妇好"

275

附　录

一 甲骨学研究论著要目

著录类

刘 鹗	铁云藏龟 1903 年出版 1931 年重印
罗振玉	殷虚书契前编 1913 年影印 1931 年重印
	殷虚书契后编 1916 年影印
	殷虚书契续编 1933 年 9 月
	殷虚书契菁华 1914 年影印
	铁云藏龟之余 1915 年影印 1931 年重印
王国维	戬寿堂所藏殷虚文字 1917 年石印
王 襄	簠室殷契征文 1925 年石印
	簠室殷契类纂 1920 年印行
叶玉森	铁云藏龟拾遗 1925 年影印
商承祚	殷虚文字类编 1923 年出版
	福氏所藏甲骨文字 1933 年影印
郭沫若	卜辞通纂 1933 年出版

殷契粹编 1937 年出版 1958 年重印

孙海波　甲骨文编 1934 年出版 1964 年重印

董作宾　新获卜辞写本 1929 年

小屯殷虚文字甲编 1948 年影印

小屯殷虚文字乙编 1949 年影印

关百益　殷虚文字存真 1935 年

容庚

殷虚卜辞 1933 年石印

瞿润缗

唐　兰　天壤阁甲骨文存 1939 年影印

朱芳圃　甲骨学文字编 1934 年

李旦丘　铁云藏龟零拾 1939 年影印

胡厚宣　战后宁沪新获甲骨集 1951 年石印

战后京津新获甲骨集 1954 年石印

战后南北所见甲骨集 1951 年石印

甲骨续存 1955 年出版

林泰辅　龟甲兽骨文字 1917 年

贝冢茂树　京都大学人文科学研究所藏甲骨文字 1960 年

明义士　殷虚卜辞

库寿龄

库方二氏藏甲骨卜辞 1935 年

方法敛

金　璋　金璋所藏甲骨卜辞

郭若愚等　殷虚文字缀合 1955 年 4 月科学出版社

许进雄　加拿大皇家安大略博物馆藏甲骨文字 1972 年

郭沫若等　甲骨文合集 2 册 1978 年 11 月中华书局

研究类

| 孙诒让 | 契文举例 | 1917 年刊入《吉石庵丛书》 |

孙诒让　契文举例　1917 年刊入《吉石庵丛书》

罗振玉　殷虚书契考释　1915 年初印 1927 年增订

王国维　古史新证　1925 年清华大学国学研究院讲义，
　　　　1927 年《国学月报》发表

　　　　观堂集林　1921 年出版　1959 年中华书局重印

叶玉森　说契挈契枝谭　1924 年来董阁书店印行

　　　　殷契钩沉　1923 年在《学衡》发表

郭沫若　甲骨文研究　1931 年大东书局出版
　　　　　　　　　　　　1962 年 11 月科学出版社重印

　　　　卜辞通纂考释　1933 年日本文求堂书店出版

　　　　殷契粹编考释　1937 年日本出版
　　　　　　　　　　1965 年科学出版社重印

董作宾　甲骨文断代研究例　1932 年在《集刊》发表
　　　　　　1935 年刊入《庆祝蔡元培先生六十五岁论文集》

陈邦福　殷契辨疑　1935 年作者书店出版

　　　　殷契说存　同上

孙海波　卜辞文字小记读

陈梦家　龟甲文字概论　1934 年中华书局出版

　　　　殷虚卜辞综述　1956 年科学出版社出版

胡光炜　甲骨文例　1928 年中山大学本

徐协贞　殷契通释　1935 年来董阁印行

容　庚　卜辞研究　1942 年燕京大学本

281

唐　兰　　殷虚文字记　北京大学讲义本

　　　　　殷虚文字研究　北京大学讲义本

　　　　　古文字学导论　北京大学讲义

于省吾　　双剑诊殷契骈枝初编　1940 年出版

吴其昌　　殷虚书契解诂　1934—1937 年武汉大学季刊连载

丁　山　　甲骨文所见氏族及其制度　1956 年

余永梁　　殷虚文字考　1926 年载清华大学《国学论丛》

张宗骞　　卜辞弜、弗通用考　《燕京学报》发表

胡厚宣　　甲骨学商史论丛　1944 年出版初集,后有二、三集

　　　　　五十年甲骨文发现的总结　1952 年 1 月商务印书馆

李学勤　　关于甲骨学的基础知识　《历史教学》1959 年第 7 期

　　　　　殷代地理简论　1959 年 1 月科学出版社

徐连城　　甲骨文中所见殷代的地域组织

　　　　　《山东大学学报》1957 年第 2 期

洪笃仁　　卜辞合文商榷　《厦门大学学报》1963 年第 3 期

胡厚宣　　释殷代求年于四方和四方风的祭祀

　　　　　《复旦学报》1956 年第 1 期

　　　　　殷卜辞中的上帝和王帝　《历史研究》1959 年第 9 期

郭沫若　　安阳出土的牛胛骨及其刻辞　《考古》1972 年第 2 期

张政烺　　卜辞裒田及其相关诸问题　《考古学报》1973 年第 1 期

二　甲骨文大事年表

公元一八九九年　（清光绪二十五年己亥）

在河南安阳小屯出土的有字甲骨，由古董商人带往
北京，为福山王懿荣收购了数百片。

公元一九〇三年

丹徒刘鹗把所藏甲骨，影印《铁云藏龟》六册行世。
从此，举世皆知有甲骨文。

公元一九〇四年

瑞安孙诒让撰《契文举例》二卷，为甲骨文第一部考
释专著。

公元一九一三年

上虞罗振玉《殷虚书契前编》出版。

公元一九一四年

罗振玉《殷虚书契考释》出版。

公元一九一七年

王国维以姬佛陀（觉弥）名义编印了《戬寿堂所藏殷
虚文字》。

王国维发表《殷卜辞中所见先公先王考》及《续考》。

自此,甲骨文始成为一种专门学问。

日人林泰辅《龟甲兽骨文字》在东京出版。

公元一九二八年

旧中央研究院开始进行安阳发掘工作,为殷虚第一
次科学发掘。

公元一九二九年

李济等《安阳发掘报告》四册印行。

公元一九三〇年

殷虚发掘得大龟四版。

山东历城城子崖掘得卜骨。

公元一九三一年

董作宾作《大龟四版考释》。

郭沫若《甲骨文字研究》出版。

公元一九三二年

吴其昌在《燕京学报》发表《殷卜辞中所见先公先王
三续考》。

董作宾发表《甲骨文断代研究例》。

公元一九三三年

郭沫若《卜辞通纂》在日本出版。

公元一九三四年

唐兰作《殷虚文字记》。

孙海波《甲骨文编》出版。

公元一九三七年

美国白瑞华整理加拿大方法敛之遗稿在纽约出版
《甲骨卜辞七集》。

公元一九四〇年

于省吾《双剑诊殷契骈枝》初集出版。

公元一九四四年

胡厚宣《甲骨学商史论丛》初集出版。

公元一九四五年

董作宾《殷历谱》出版。

公元一九四六年

贝冢茂树《中国古代史之发展》在日本出版。

公元一九四七年

董作宾《小屯殷虚文字甲编》出版。

公元一九四九年

胡厚宣著《五十年甲骨论著目》。

曾毅公《甲骨缀合编》出版。

公元一九五〇年

安阳四盘磨发掘有字卜骨。

辉县琉璃阁发现殷代遗址,并找得卜骨。

公元一九五二年

郑州二里冈、洛阳东关先后发现殷代遗址,并找得卜
骨。

公元一九五三年

中央文化部收购刘体智所藏甲骨二万八千片。

公元一九五五年

　　郭若愚、曾毅公、李学勤合编的《殷虚文字缀合》出版。

公元一九五六年

　　陈梦家《殷虚卜辞综述》出版。

公元一九五九年

　　中国科学院规划编印《甲骨文合集》。

公元一九七六年

　　安阳殷虚五号墓——即"妇好"墓被发现。这一重
　　大发现，对甲骨文断代提出了新的课题。

公元一九七七年

　　陕西周原(今岐山县凤雏村)发现西周遗址，并获窖
　　藏甲骨万余，其中有字卜甲一百多片。

公元一九七八年

　　郭沫若主编、中国社会科学院历史研究所编《甲骨
　　文合集》第2册出版。

三 王国维生平简表

一八七七年（清光绪三年）一岁

　　是年阴历十月廿九日出生于海宁城内双仁巷私宅。

一八八〇年（清光绪六年）四岁

　　母凌夫人去世。

一八九二年（清光绪十八年）十六岁

　　入学为生员。

一八九四年（清光绪二十年）十八岁

　　中日之战爆发。

　　始知世界尚有所谓"新学"者。

一八九六年（清光绪廿二年）二十岁

　　娶妻莫氏。

一八九八年（清光绪廿四年）廿二岁

　　到上海充《时务报》书记。

　　入东文学社学日文。

一九〇〇年（清光绪廿六年）廿四岁

八国联军侵占北京。

去年安阳殷虚甲骨出土,今年敦煌莫高窟藏书发现。

一九〇一年(清光绪廿七年)廿五岁

至武昌农学校任职。

赴日本,入东京物理学校。

一九〇二年(清光绪廿八年)廿六岁

从日本回国。

在上海南洋公学虹口分校任职。

继续学英文。

主编《教育世界》杂志。

一九〇三年(清光绪廿九年)廿七岁

任南通师范教习,担任心理学论理学等课程。

刘鹗《铁云藏龟》出版。

一九〇四年(清光绪三十年)廿八岁

发表《〈红楼梦〉评论》。

任苏州师范教习。

发表《叔本华与尼采》。

一九〇五年(清光绪卅一年)廿九岁

《静庵文集》出版。

一九〇六年(清光绪卅二年)三十岁

刊行《人间词甲稿》。

一九〇七年(清光绪卅三年)卅一岁

到北京,在学部总务司任职。后又充京师图书馆编译。

刊行《人间词乙稿》。

一九〇八年(清光绪卅四年)卅二岁

　　续娶。

　　仍在研究戏曲。

一九〇九年(清宣统元年)卅三岁

　　在《国粹学报》发表《戏曲考源》等论文四篇。

一九一〇年(清宣统二年)卅四岁

　　《人间词话》发行。

一九一一年(清宣统三年)卅五岁

　　武昌起义。

　　随罗振玉赴日本。

一九一二年(民国元年)卅六岁

　　作《简牍检署考》。

　　作《颐和园词》。

　　著《宋元戏曲史》。

一九一三年(民国二年)卅七岁

　　与罗振玉合著《流沙坠简》。

一九一四年(民国三年)卅八岁

　　罗振玉《殷虚书契考释》出版。书中颇采用王氏之说。

一九一五年(民国四年)卅九岁

　　著《鬼方昆夷獫狁考》等论文。

一九一六年(民国五年)四十岁

　　从日本回国,在上海为哈同编《艺术丛编》。

　　著《魏石经考》。

一九一七年(民国六年)四十一岁

发表《殷卜辞中所见先公先王考》。

编释《戬寿堂所藏殷虚文字》。

一九一八年（民国七年）四十二岁

校辑韵书甚勤。

罗振玉从日本归国。

一九一九年（民国八年）四十三岁

五四运动。

为蒋汝藻编藏书目。

一九二一年（民国十年）四十五岁

《观堂集林》编成。

担任《浙江通志》分纂。

一九二二年（民国十一年）四十六岁

任北京大学研究所国学门通讯导师。

一九二三年（民国十二年）四十七岁

离开上海,到北京,入清宫任南书房行走。

一九二五年（民国十四年）四十九岁

任清华国学研究院导师。

著《古史新证》。

一九二七年（民国十六年）五十一岁

阴历五月初三日投颐和园昆明湖自尽。

图书在版编目（CIP）数据

王国维评传 / 萧艾著 . — 桂林：漓江出版社，2017.9
（中华文化研究小丛书）
ISBN 978-7-5407-8083-8

Ⅰ . ①王… Ⅱ . ①萧… Ⅲ . ①王国维（1877—1927）—评传 Ⅳ . ① K825.4
中国版本图书馆 CIP 数据核字 (2017) 第 110830 号

WANG GUOWEI PINGZHUAN
王国维评传

萧艾　著

责任编辑：张　谦
助理编辑：刘红果
责任监印：杨　东

出版人：刘迪才
漓江出版社有限公司出版发行
广西桂林市南环路22号　邮政编码：541002
网址：http://www.lijiangbook.com
全国新华书店经销
销售热线：0773-2583322　010-85893190
北京大运河印刷有限责任公司印刷
（北京市通州区潞城镇大营工业区　邮政编码：101117）
开本：660mm ×950mm　1/16
印张：18.75　字数：211千字
2017年9月第1版　2017年9月第1次印刷
定价：45.00元